铁路车站信号联锁试验

陈伟革　主编

中国铁道出版社有限公司

2024 年·北　京

内 容 简 介

本书对联锁试验项目、试验方法、试验内容等进行了详细阐述，具有较强的针对性、实用性和可操作性。全书共分十一章，包括联锁概述、联锁电路联锁试验、道岔联锁试验、信号机联锁试验、轨道电路联锁试验、站内电码化联锁试验、闭塞联锁试验、站间/场间联系电路联锁试验、列控结合联锁试验、自动闭塞区间逻辑检查联锁试验、其他联锁试验。

本书可作为联锁管理（试验）人员、专业技术人员的培训用书，也可供信号维护管理等人员参考。

图书在版编目（CIP）数据

铁路车站信号联锁试验/陈伟革主编. —北京：中国铁道出版社有限公司，2021.5（2024.12 重印）
ISBN 978-7-113-27890-8

Ⅰ.①铁… Ⅱ.①陈… Ⅲ.①车站信号－信号系统－联锁－研究 Ⅳ.①U284.36

中国版本图书馆 CIP 数据核字（2021）第 067310 号

书　　名：铁路车站信号联锁试验
作　　者：陈伟革

责任编辑：徐　清　　**编辑部电话**：（010）51873147　　**电子信箱**：357716058@qq.com
助理编辑：王　烁
封面设计：高博越
责任校对：孙　玫
责任印制：高春晓

出版发行：中国铁道出版社有限公司（100054，北京市西城区右安门西街 8 号）
网　　址：http://www.tdpress.com
印　　刷：北京联兴盛业印刷股份有限公司
版　　次：2021 年 5 月第 1 版　2024 年 12 月第 3 次印刷
开　　本：710 mm×1 000 mm　1/16　**印张**：11.5　**字数**：176 千
书　　号：ISBN 978-7-113-27890-8
定　　价：45.00 元

前　言

铁路车站信号联锁是铁路信号设备的重要组成部分。联锁设备除了能够确保铁路行车安全外，还具有降低行车有关作业人员劳动强度、提高作业效率等作用。为确保联锁正确，需要在工程施工、应急抢险以及维修更换器材等情况后、设备投入使用前进行必要的联锁试验。联锁试验是否充分、彻底、准确，直接关系到铁路行车安全。

近年来，随着我国路网规模的不断拓展，新线新设备的联锁试验，以及新线引入既有线或枢纽车站改造的联锁试验等工作量不断增加，各条线路之间相互衔接联通以及引入既有枢纽车站后，CTCS-0 级、CTCS-2 级、CTCS-3 级等列车运行控制技术相互交叉导致联锁关系更加复杂，对验证信号联锁关系正确提出更高要求，联锁试验的难度更大。

本书编写人员在系统分析信号图纸审核、工程实施、工程开通以及日常施工、维修、年度联锁试验现状、典型问题等基础上，吸取联锁安全事故教训，总结联锁试验成熟做法和成功经验，完成了《铁路车站信号联锁试验》的编写。全书共十一章，其中第一章为联锁概述，第二～十一章分别对联锁试验项目、试验方法、试验内容等进行了详细阐述。本书具有较强的针对性、实用性和可操作性，可作为联锁管理人员、专业技术人员的培训用书，也可供信号维护管理等人员参考。

本书由陈伟革主编，编写人员有胡细东、吴伟东、房刚、黄晓东、冯徐益、桑迪、于际友、王德友、杜明华、陆冠东、丁家望、陈政军、方升炜、沈斌、吴娟、周怀成、范沈伟等。本书在编写过程中得到了中国铁路上海局集团有限公司电务部以及各电务段、部分车间联锁管理人员的大力支持，在此表示感谢！

由于编者水平有限，疏漏不当之处敬请批评指正，以促持续改进。

编者

2021 年 1 月

目　录

第一章 联锁概述

车站联锁系统具有悠久的历史和传承，联锁系统在我国铁路得到了普遍应用，本章主要介绍联锁的概念、发展，以及联锁管理和联锁试验要求。

一、联锁的概念

铁路车站联锁是铁路信号设备的重要组成部分。联锁是指通过技术方法使信号、道岔和进路必须按照一定程序并满足一定条件才能动作或建立起来的相互关系。为实现联锁关系而采取的技术设备叫联锁设备。

联锁设备除了能够确保铁路行车安全外，还具有降低行车有关作业人员劳动强度、提高作业效率等作用。

二、联锁的发展

车站联锁由萨克斯倍(Saxby)首创，于1856年在英格兰的布列克勒叶·阿姆斯(Brickloyer Arms)车站开始使用，至今已有160多年。车站联锁经历了机械联锁、电锁器联锁、电气集中联锁、计算机联锁等发展过程。

我国目前使用的联锁设备主要有电锁器联锁、电气集中联锁和计算机联锁。

三、联锁管理要求

联锁是信号技术管理的重要内容，贯穿于信号大修、中修、维修及工程的全过程之中。联锁管理工作主要包括日常联锁管理、工程验交联锁管理、联锁关系(电路)变更、信号联锁软件变更以及科研项目试验的联锁管理等。联锁管理要求如下：

1. 坚持“故障—安全”原则。信号联锁设备必须符合“故障—安全”原则，必须满足《铁路技术管理规程(普速铁路部分)》《铁路技术管理规程(高速铁路部分)》《铁路信号设计规范》(TB 10007—2017)以及铁路有关行业标准、中国国家铁路集团有限公司(以下简称国铁集团)相关要求。联锁错误或失效将直接危及行车安全,因此确保联锁关系正确是信号设备设计、制造、施工、维护等各环节应遵循的基本原则。信号设备机械强度和电气特性是保证联锁关系正确的基本条件。

2. 坚持分级管理。信号联锁管理实行国铁集团、铁路局集团公司、电务段分级管理。铁路局集团公司电务部设联锁主任,电务段设联锁主任(工程师),车间设联锁工程师,负责信号设备的联锁管理工作,实行岗位责任制。电务段负责的联锁试验,试验方案由电务段联锁主任(工程师)制订,经主管副段长组织审核并批准后实施;车间负责的联锁试验,试验方案由车间联锁工程师制订,经电务段联锁主任(工程师)审批后实施。

3. 坚持持证上岗。信号联锁管理人员和试验人员须经联锁试验资格培训,取得联锁试验资格证后持证上岗。车间联锁工程师及联锁试验人员由电务段负责培训、考核和发证,电务段联锁主任(工程师)由铁路局集团公司负责培训、考核和发证,铁路局集团公司电务部联锁主任由国铁集团负责培训、铁路局集团公司发证。各级电务部门必须高度重视联锁管理工作,信号工作人员都必须严格执行联锁纪律,杜绝违章封连电气接点等破坏联锁关系的行为。

4. 坚持卡控关键。重点做到“十个防止”:防止联锁试验不彻底造成的联锁失效;防止尚未纳入联锁的设备与既有联锁设备连接,造成道岔错误转动、信号错误开放;防止道岔配线错误造成道岔错误表示;防止挤切销非正常折断造成道岔机械锁闭失效;防止信号电缆绝缘不良造成接地、混线;防止室内外设备状态(位置)表示不一致;防止电源对地漏电流超标;防止轨道电路调整不当导致分路残压超标;防止分路不良管理制度不落实造成联锁失效;防止软件(数据)版本不一致或错误使用造成联锁失效。

四、联锁试验

联锁试验是联锁关系检查试验的简称。联锁试验分为施工联锁关系检查试验、年度联锁关系检查试验和日常维修联锁关系检查试验。联锁试验是否充分、彻底、准确,直接关系到铁路行车安全。施工联锁试验根据运输影响、联锁关系复杂程度等情况分别由电务段、车间负责;年度联锁试验由车间负责,电务段重点参加联锁关系复杂的年度联锁试验;日常维修联锁试验由工区或车间负责。

1. 施工联锁试验管理。设备开通使用前，施工单位应对联锁电路进行导通试验，达到设备与图纸相符，确认联锁关系无误后方可交电务段复查试验。电务段在施工单位完成联锁试验的基础上，应首先对配线进行全面核对，做到图实相符，并进行全面的模拟联锁试验；与设备连接后，应进行完整的联锁核对试验。驼峰联锁试验还应包括模拟溜放和实车溜放试验。车站信联闭设备施工，必须进行全面的联锁试验，确认联锁关系无误后方可开通使用，涉及列车进路使用的设备严禁利用列车间隔进行联锁试验。严禁以施工单位的联锁试验代替电务段的联锁试验。施工验交联锁试验由电务段联锁主任（工程师）负责，按联锁设备维护管理规定要求逐一进行彻底的试验，并认真填写记录资料。

2. 年度联锁试验管理。电务段每年应组织进行年度联锁试验、检查核对，并认真做好记录。年度联锁试验资料一式二份，由电务段、车间统一保管。年度联锁试验内容除允许结合列车运行观察记录的项目外（具体项目由铁路局集团公司规定），其他项目必须按联锁试验的相关规定在天窗内进行。车间应按联锁试验方案和项目进行试验，试验结果应及时汇总上报。年度联锁试验除按有关规定做好试验资料统计上报外，电务段、车间还应填报“信号联锁试验汇总表”。

3. 日常维修联锁试验管理。故障处理、设备损坏修复、设备冗余补强、新技术设备器材上道使用、单项设备整治、更换配线后，涉及联锁电路和联锁关系的应进行联锁试验。

4. 联锁试验要求。联锁试验应按有关规定进行，应明确试验负责人并严格执行专人指挥、专人操作、专人监督的试验制度。联锁试验时应填写试验记录。试验结束后，有关人员应在试验记录上签字。发现联锁电路和联锁软件存在问题，电务段应书面通知设计单位和设备供应商，并向铁路局集团公司电务部报告。遇重大问题，铁路局集团公司电务部应及时向国铁集团报告。危及安全的应及时采取措施。计算机联锁系统应在双套（系）设备同步的情况下进行联锁试验，并应进行同步故障倒机及人工切换试验。计算机联锁在现场模拟联锁试验之前，电务段应进行全面的联锁仿真试验，并认真做好试验记录。

第二章　联锁电路联锁试验

联锁电路试验主要包括联锁电路检查联锁试验、联锁电路检查(C2/C3)联锁试验、列车进路接近锁闭联锁试验、到发线出岔联锁试验、延续进路联锁试验、非进路调车联锁试验。

第一节　联锁电路检查联锁试验

一、试验适用范围

1. 新建、改造、大修时引起的联锁软件变更,应对所有项目进行试验。

2. 联锁软件变更,计算机联锁供应商试验建议中要求仿真试验时,应对所有项目进行试验。

3. 新建继电联锁车站,或相应电路修改。

二、试验注意事项

1. 严格按照信号联锁试验管理办法执行,严格执行联锁纪律,严禁简化联锁试验程序和联锁试验不彻底;

2. 试验人员携带车站平面图、联锁进路表、设计说明等资料;

3. 审核计算机联锁设备供应商资料,确认软件具备仿真试验条件,核查试验环境符合文件要求;

4. 核对软件版本号与供应商公布的软件版本号一致;

5. 仔细阅读软件试验要求,特别是维护说明中的特殊要求;

6. 试验前核对联锁界面与平面图一致,核对供应商进路表与设计公布的一致;

7. 联锁试验主持人必须取得联锁试验(管理)资格证;

8. 试验过程中发现的问题需第一时间与段联锁主任、设计、供应商反馈,做好问题记录与闭环；

9. 联锁试验不彻底严禁交付使用；

10. 试验完成后填写相应资料，保存软件备份。

三、联锁试验项目及方法

信号联锁电路检查联锁试验样表见附件 1。

1. 进路号码

按进路表给定的进路号码，核对联锁进路号与所排进路的一致性。在进路表中，对通过进路等组合进路以接车进路号加发车进路号组合填写，不单独计入进路总数中。

在试验组合进路时，特别要注意黄闪黄显示或 1/18 号及以上大号码道岔进路，检查是否存在与该进路平行或变通的条件而信号显示不符合黄闪黄显示要求的进路，如存在上述进路，则组合进路编号应与大号码组合进路相区别，信号显示和发码条件也应按普通道岔进路处理。

2. 进路始端

填写联锁进路表中进路始端按钮名称。

3. 进路变通

指在站场中存在着与基本进路平行或“八字”迂回条件时，通过按压变通按钮而办理的进路。办理变通进路时需要按压进路始终端之间相应的变通或调车信号按钮。联锁表以外的列车变通进路及站场中存在“小八字”或因运输要求禁止使用的迂回进路时，应检查此条进路不能排列。

4. 进路终端

填写联锁进路表中进路终端按钮名称。

5. 正常开放信号

按压进路始终端（含变更）按钮后，进路锁闭，信号开放，显示正确。

6. 道岔位置不对不能开放信号

将所办进路上的所有道岔逐组置于不符要求的位置并单锁，逐条排列进路，进路应不能锁闭，信号不能开放。

7. 道岔无表示关闭信号

办理进路并开放信号后，将与进路有关的所有道岔表示逐组断开（可采用断开室内道岔表示电路熔丝或断路器的方法），应能关闭信号，重新补信号后，信号不能开放。将道岔表示先断开，排列与该道岔有关的进路，进路应不能锁闭,信号不能开放。

8. 区段占用不能开放信号

一是先模拟区段占用后办理进路,此时进路应不能锁闭(引导进路和调车进路的无岔区段除外),信号不能开放。二是短路列车进路内的任一轨道区段,列车信号机应立即关闭;短路调车进路内的道岔轨道区段时(有白灯保留电路的进路内方第一轨道区段除外),调车信号机应立即关闭。试验时,必须按上述两种方法对进路内各区段逐个进行试验。

9. 带动道岔

设置带动道岔的目的是为了提高运输效率,在进路表中带动道岔用大括号{ }标注。办理某条进路时,按进路表规定所有带动的道岔应被带到规定位置;若带动道岔未带动到规定位置或被带动的道岔失去表示时,不影响进路排列和信号开放,已开放的信号不应关闭。试验时可将带动道岔置于需要带动的相反位置,进行排路试验,确认带动到规定位置;信号开放后,断开带动道岔表示,确认信号不关闭;单独操纵带动道岔,若该带动道岔与进路中其他道岔不在同一区段时,应可以操纵。将带动道岔置于需要带动的相反位置并单独锁闭,进行排路试验,确认道岔不能带动,信号可以正常开放;信号开放后,去除带动道岔的单锁条件,确认道岔仍在原位置。

10. 防护道岔

设置防护道岔的目的是为了确保进路安全,在进路表中防护道岔用中括号[ ]标注。办理某条进路时,进路表中规定的所有防护道岔应被带到规定位置,并被锁闭在该位置,信号开放后将连续检查防护道岔的位置,通常称为“带、查、锁”。防护道岔因故不能被带到规定位置时(试验时可将该道岔单锁于不符要求的位置),该进路应不能锁闭;进路锁闭后,操纵防护道岔应不能转换;信号开放后,如防护道岔失去表示,该信号应自动关闭。

11. 信号开放后锁闭道岔

办理某条进路开放信号后,逐组单独操纵与该进路有关的道岔(包括进路上的所有道岔、不在进路上但与该进路上某组道岔同一个区段的其他道岔、防护道岔等),这些道岔均应处于锁闭状态。

12. 敌对信号

同一咽喉中,向同一无岔区段的对向调车进路(特殊情况除外)、所有重叠的顺向及对向列车或调车进路、信号机设在侵限绝缘处禁止同时开通的进路,进站外方制动距离内接车方向有超过6‰的下坡道，在接车线末端未设隔开设备时，下坡道方向的接车进路与对方咽喉的接车及调车进路、非同一到发线顺向发车进路等均属敌对进路。试验时，先办理某条进路后，再办理所有与其有关的敌对进路，敌对信号均应不能开放。

13. 敌对照查

向某一股道办理列车进路时，必须检查该股道另一端未办理列车及调车进路的条件；向某一股道办理调车进路时，必须检查该股道另一端未办理列车进路的条件。如另一端已办理有关进路，则所办进路不应锁闭。

14. 随时关闭信号

在任何情况下，已开放的信号应能进行人工关闭。试验方法：一是同时按压总取消按钮和进路始端按钮，信号应能及时关闭；二是按压总人工解锁按钮和进路始端按钮，信号应能及时关闭；三是同时按压总人工解锁按钮和进路上任一区段故障解锁按钮（紧急关闭信号），信号应能及时关闭（实际使用中如已用前两种方法关闭信号，严禁再同时按压总人工解锁按钮和故障解锁按钮，否则将使该区段立即解锁）。

注：计算机联锁车站的操作方法以联锁厂家使用说明为准。

紧急关闭信号后的进路解锁方法：在6502电气集中电路中采用紧急关闭信号的方法关闭信号后，应确认接近区段无车，或有车但已与司机联系确认车已停妥，且进路空闲后，进行解锁进路，当未接近锁闭时可按总取消解锁进路，当接近锁闭时可按人工解锁方法解锁进路，当出现进路内方异常造成的非正常关闭信号需要解锁进路，可按先办理进路总取消再按区段故障解锁方法进行操作。

注：在某些计算机联锁电路中对关闭后的进路解锁方法有特殊的要求，如铁科研系列的计算机联锁电路，在始端未解锁时必须以人工延时方式解锁始端，在始端解锁而终端未解锁时，必须按压人工解锁按钮和进路终端按钮方式经30 s延时后解锁进路终端（TYJL-TR9及TYJL-ADX联锁的控制台终端未解锁时始端按钮上加有方框标记，始端解锁后转为终端按钮上加方框标记，始、终端均无方框标记说明始终端均已解锁），只有进路始、终端均不存在时，才能按压事故解锁按钮和区段按钮来解锁进路。由于联锁电路制式的不同，相关解锁方式以联锁厂家提供的使用说明书为准。不论何种制式的车站联锁，列车或车列进入进路内方后，其运行前方区段不论采用何种操作方法均应不得解锁。

15. 接近锁闭及区段核对

接近锁闭的目的是当列车接近时由于某种原因造成信号关闭,为防止列车冒进时进路已解锁带来的危险而采用的防护措施。进站和正线出站信号的接近区段由设计单位根据线路运行速度和列车紧急制动距离来设置。侧线出站信号受过岔速度限制,一般以股道作为接近锁闭区段;调车进路的接近区段为信号机外方的第一区段;未设接近区段的调车进路一旦开放信号,即构成接近锁闭。办理进路开放信号后,一旦构成接近锁闭,此时如关闭信号,进路必须按不同的延时解锁要求才可解锁。

检查方法:办理某条进路后,按上述要求在其接近区段任一处进行人工模拟占用该区段构成接近锁闭,此时采用取消进路的方式,进路应不能解锁;未设接近区段的调车进路,在信号开放后采用取消进路的方式,进路也应不能解锁。

16. 取消进路解锁

办理进路并锁闭,但信号未开放,或信号已开放但未构成接近锁闭时,采取按压总取消按钮和进路始端按钮的方式办理取消进路手续,进路应能立即解锁。

注:计算机联锁办理取消进路的方式以联锁厂家提供的使用说明书为准。

17. 人工延时解锁

开放信号并人工模拟占用接近区段,采取按压总人工解锁按钮进路始端按钮的方式取消进路,此时信号应立即关闭并按规定延时进行解锁。试验时,按开放信号、人工短路接近区段(接近区段由多个区段组成时应分别短路)、办理总人工解锁的步骤,记录自按压进路始端按钮和总人工解锁按钮起至进路上第一个区段解锁止所用的时间,应符合各种进路解锁的延时要求(普速车站进站、接车进路及正线出站信号机的延迟解锁时间为 3 min,侧线出站及调车信号机的延迟解锁时间为 30 s,高速车站的延迟解锁时间根据列车运行速度及规定分别适当增加)。

在接近区段出现瞬间红光带时,电气集中电路在红光带消失后可按取消进路方式解锁进路;对于计算机联锁来说,当列车进路的接近区段出现瞬间红光带时,考虑接近区段分路不良的影响,对接近锁闭的解锁方式采取了防护处理,即接近区段闪过红光带后,即使红光带消失也应按人工延时解锁方式解锁进路。

某些计算机联锁设备在确认系轨道电路瞬间故障造成的闪红光带时，可通过二次办理的方式来解锁进路，即先按压总取消和进路始端按钮来取消进路始端，此时进路仍不能解锁。

补开信号后再办理第二次取消方可将进路解锁，这种方法是为提高作业效率设置的保留措施。

18. 区段人工解锁

在6502电气集中电路中，列车或车列经过进路、办理总取消或总人工解锁手续后，如整条进路或部分区段未能解锁时，在区段空闲条件下，应能办理故障解锁（当进站信号机内方设有无岔区段并在开放进站信号后，如该无岔区段故障使信号关闭后，将不能采取任何人工方式解锁进路，必须办理一次引导接车进路，待列车接入后才能进行区段故障解锁）。试验时，应分别试验区段空闲和占用两种情况，按压总人工解锁按钮和该区段的故障解锁按钮，空闲时应能解锁（列车或车列占用进路时，运行前方区段虽然空闲，但不论采用何种操作方法均应不得解锁），占用时应不能解锁。

注：计算机联锁办理区段人工解锁的方式以联锁厂家提供的使用说明书为准。

19. 防止自动重复开放信号

信号开放，在列车或车列尚未进入其防护的进路时，信号因故关闭后，在造成信号关闭的因素消除之后，再次按压进路始端按钮，信号机应能重复开放。

信号开放，列车、车列通过后整条进路未解锁时应不得自动重复开放（办理自动通过除外）。

20. 进路正常解锁

采用模拟列车或车列走行条件进行三点检查（占用本区段、出清前一区段、占用后一区段并出清本区段，进站内方第一区段等特殊情况除外），进路自始端起，各区段在出清后延时3 s，依次向终端解锁。年度联锁关系检查试验时结合列车或车列走行进行试验。

21. 局部控制

把集中控制的联锁道岔改为调车员现场操纵称为局部控制道岔。未经信号楼值班员同意（操作方式为按下局部控制按钮JA）时，现场调车员应不能局部控制道岔；一旦值班员将道岔控制权交给现场调车员，未经调车员同意（操作方式为拉出接受局部控制按钮 JSA),值班员应不能收回道岔控制权;试验时可分别在此两种情况下,由现场或信号楼内操纵道岔,应不得转换;调车信号的开放与否应由有关道岔的开通位置决定;其他联锁关系按正常联锁电路试验。

22. 进路表示器

有多个发车方向的出站信号机,如每个方向均设有表示器,主体信号开放可不检查表示器灯丝继电器的前接点;对于双线双向自动闭塞区段如仅在开通反方向设有表示器时,若反方向进路表示器灭灯而主体信号显示不变会造成显示方向的错误,因此开放反方向的主体信号必须检查该方向表示器灯丝继电器的前接点。试验时断开进路表示器电源断路器,检查进路表示器与主体信号的联锁关系应符合要求。

23. 调车中途返回解锁

中途返回解锁是指原牵出进路的部分或全部未解锁,当车列经折返信号返回并出清原牵出进路(有些情况下需出清接近区段),牵出进路的各区段应延时 3 s 后解锁;所有可作折返调车信号的信号点均应具有调车中途返回解锁功能。试验时,模拟车列运行,根据每个可作为折返信号的信号点,分两种情况试验:

(1)整条牵出进路未解锁时应试验以下四项内容:一是车列根据折返信号全部退出牵出进路时,整条牵出进路应能自动解锁。二是原牵出进路存车,车列退出接近区段时,原牵出进路不应解锁。三是原牵出进路无折返信号时,车列退出牵出进路,接近区段仍占用,牵出进路不应解锁。四是出站兼调车信号机防护的进路不得按中途返回方式解锁,即车列占用牵出进路并未出清接近区段(股道)时,牵出进路出现分路不良,即牵出进路上第一个区段红光带出现后又消失,随后车列全部进入牵出进路(牵出进路无红光带),此时整条牵出进路不应解锁。

(2)部分牵出进路未解锁时:一是当车列驶入调车进路后,全部出清作为折返点的信号机内方各区段,此时原牵出进路以折返信号机为界分为两段,折返信号机防护内方的牵出进路已解锁,折返信号机防护外方的原牵出进路未解锁,开放折返信号后模拟车列依次占用折返信号机内方区段并逐个退出原牵出进路未解锁的各区段的条件,检查车列确已根据开放的折返信号机驶入该信号机内方,且出清全部未解锁的区段后,该部分区段应自动解锁。二是牵出进路部分未解锁的区段存车,车列退出该区段时不应解锁。试验时,可人工模拟调车占用折返信号机外方的区段,并办理折返进路,模拟车列进入折返进路,同时保留原牵出进路区段的占用条件,再按折返进路运行方向顺序去掉各轨道区段的占用条件,核对进路解锁情况。三是折返进路未占用,即使原牵出进路区段失去分路,该区段应不能解锁。试验时,可人工模拟调车占用至牵出进路的区段后,未办理折返进路或办理折返进路但未占用时,模拟原牵出进路逐个退出各区段的占用条件,核对进路解锁情况。

注:原牵出进路出现"走过"现象时,折返后原未解锁进路仍不允许解锁。"走过"是指原牵出进路以折返信号机为界,若车列在原牵出进路走行时已出清了折返信号防护外方的某一个(或多个)道岔区段使得该区段已经解锁,则再排列折返信号时,原牵出进路未解锁区段与折返信号机之间存在着已经解锁的轨道区段,在车列折返过程中将经过这些解锁的区段,这在调车作业中是十分危险的,因此调车作业时应严格禁止"走过"现象。当出现"走过"现象时,即使车列按折返顺序出清原牵出进路,原牵出进路上未解锁的区段也不能按中途折返方式解锁。

原牵出进路的中途折返信号机外方有多个轨道区段的站场进行折返试验时,均需试验外方每个轨道区段为折返起始点的解锁情况。

24. 自闭离去区段占用或区间空闲检查

自动闭塞区段的出站信号能否开放或开放时显示什么灯光,应检查离去区段的条件。一离去占用时,有关出站信号应不能开放;出站信号开放后,一旦一离去出现红光带,出站信号应立即关闭(一离去区段设有通过信号机的特殊情况除外)。三显示自动闭塞一离去区段空闲时出站信号显示黄灯,一、二离去区段空闲时出站信号显示绿灯;四显示自动闭塞区段一离去区段空闲时出站信号显示黄灯,一、二离去区段空闲时显示绿黄灯,一、二、三离去区段空闲时显示绿灯。有特殊运营要求或两站场间距离较近时,离去条件由邻站的站联条件提供。

(1)当两站间仅有一个闭塞分区未设通过信号机时,该闭塞分区作为一离去条件,邻站的进站信号开放正线接车信号作为二离去空闲条件,邻站的下一列车(进路或出站)信号机开放正线信号作为三离去空闲条件。

(2)当两站间设有两个闭塞分区即区间含有一架通过信号机时,该通过信号机外方闭塞分区作为一离去条件,通过信号机防护内方闭塞分区作为二离去条件,邻站进站信号开放正线接车信号作为三离去空闲条件。试验时按相关设计文件进行。

25. 半自动闭塞(自动站间闭塞)

(1)半自动闭塞:试验内容包括半自动闭塞设备电路和与车站联锁结合电路的所有技术条件。以64D型单线半自动闭塞为例,其试验要求如下:

①接、发车站正常办理及各种表示灯显示,按设计技术要求进行试验。

发车站按压闭塞按钮请求闭塞时发车表示灯亮黄灯,接车站接车表示灯亮黄灯;接车站按压闭塞按钮同意接车后,接车站接车表示灯亮绿灯,发车站发车表示灯亮绿灯;列车出站压入进路内方最末轨道区段(该区段为半自动闭塞轨道区段)时,发车站发车表示灯亮红灯,接车站接车表示灯亮红灯;列车到达接车站接车进路内方第一区段(该区段为半自动闭塞轨道区段)时,接车站接、发车表示灯均亮红灯;接车进路解锁后,接车站按压复原按钮,接车站接车表示红灯熄灭,发车站发车表示红灯熄灭,闭塞机复原。某些计算机联锁以方向箭头代替接、发车表示灯,箭头向站内时表示接车,箭头向站外时表示发车,箭头的颜色含义与表示灯的颜色含义是一致的。在试验过程中,应同时注意电铃或语音音响提示。

②未办妥半自动闭塞,办理发车进路时,信号不应开放。

③发车站半自动闭塞区段轨道电路故障,闭塞不能办理。

④出站信号开放后,发车站轨道电路故障,出站信号应立即关闭,接车站接车表示灯和发车站发车表示灯亮红灯;故障恢复时,闭塞应不能自动复原,需由发车站经人工办理事故复原。

⑤发车站列车出发后,接车站半自动闭塞轨道电路故障,闭塞应不能自动复原,需由接车站办理事故复原。

⑥引导接车时,需由接车站采用事故复原方法办理复原。

⑦发车站办理取消时应先取消发车进路再办理取消闭塞手续。

⑧办理闭塞并在列车出发后,接车站在列车未到达时应不能办理闭塞复原。

⑨办理闭塞后,如未办理发车进路,发车站可利用发车轨道区段进行调车。

(2)自动站间闭塞:自动站间闭塞的联锁试验以计轴方式为例进行说明,其他方式的自动站间闭塞参照设计说明进行。

①自动站间闭塞首次办理:两站值班员确认区间空闲,同时(先后时差应在13 s内)按下计轴复零按钮,此时车站控制台上计轴复零按钮表示灯JFLD亮白灯,区间表示灯亮红灯。两站间按半自动闭塞方式发第一趟车后,区间占用表示灯灭灯,区间空闲表示灯点亮,两站分别拉出闭塞切换按钮(计轴设备在正常使用过程中,闭塞切换按钮应在加铅封状态),进入站间闭塞方式,此时车站控制台上人工闭塞“U”灯灭,自动站间闭塞“L”灯亮,区间按自动站间闭塞方式行车。

②自动站间闭塞正常办理:

a. 发车站办理发车:值班员办理发车进路,发车站表示灯亮黄灯,此时接车站接车表示灯亮黄灯。

b. 同意发车:接车站自动同意接车,接车表示灯改亮绿灯,自动完成同意接车手续;发车站发车表示灯改亮绿灯,出站信号开放,自动完成请求闭塞办理。

c. 列车出发:发车站列车出发压入道岔区段,出站信号关闭,压入半自动轨道区段,发车表示灯改亮红灯,区间闭塞;同时接车站接车表示灯改亮红灯,区间闭塞。

d. 列车在区间运行:发车站列车驶入区间,电铃短时鸣响,区间占用灯亮红灯,出清区间空闲灯亮白灯;列车驶入区间,接车站电铃短时鸣响,区间占用灯亮红灯,出清区间空闲灯亮白灯,列车驶入接近轨道区段接近通知电铃短时鸣响。

e. 列车到达接车站:列车凭开放的进站信号,进入接车站进站信号机内方,进站信号机关闭,接车、发车表示灯亮红灯。列车尾部驶入进站信号机内方,区间空闲灯亮白灯,接车、发车表示灯红灯熄灭,闭塞自动复原,同时发车站区间空闲灯亮白灯,发车表示灯红灯熄灭,闭塞自动复原。

③自动站间闭塞取消复原:发车站出站信号开放后,列车未发车前,发车站若需要取消闭塞,办理取消发车进路,待发车进路解锁后站间闭塞随之自动复原。

④由自动站间闭塞转为半自动闭塞:相邻两站共同确认,未办理闭塞,未排列发车进路,两站同时破封按下闭塞切换按钮,此时两站人工闭塞表示灯亮黄灯,由自动站间闭塞转为半自动闭塞,按半自动闭塞试验方法进行试验。

⑤故障复原

a. 车站出站信号开放后一度停电恢复:发车站发车表示灯亮红灯,出站信号自动关闭,发车站办理取消发车进路,接车站在听到电铃短时鸣响后按压事故按钮复原,发车站待闭塞电铃鸣响后,两站闭塞复原。

b. 区间空闲,一站或两站同时一度停电恢复:发车表示灯亮红灯,经确认区间空闲,未排列发车进路,由接车站破铅封按压事故按钮 SGA,两站闭塞复原。

c. 区间计轴设备故障后修复,需由半自动闭塞恢复为站间闭塞运行:计轴设备修复后,区间正常通过一列车后,区间轨道继电器吸起,此时,两站对应区间占用灯灭,区间空闲灯点亮,轴数显示器显示“0000”,两站值班员同时拔出闭塞切换按钮,控制台上站间闭塞灯亮绿灯、人工闭塞灯黄灯灭灯,恢复站间闭塞行车。

⑥区间计轴设备故障转为半自动闭塞:电铃短时鸣响,确认区间空闲后,双方破铅封按下计轴复零按钮(时差应在 13 s)使计轴设备复零。再由两站值班员同时破铅封按压闭塞切换按钮,此时自动闭塞表示灯灭灯,由任意站按电话闭塞法使用路票开行一趟列车。发车站必须开放调车信号机,列车出发后进路自动解锁,列车完全到达接车站后,由接车站按压复原按钮 FUA,人工闭塞表示灯亮黄灯,闭塞复原;发车站闭塞电铃鸣响后,人工闭塞表示灯亮黄灯,此时两站闭塞复原,区间按半自动闭塞运行。

⑦计轴区间占用,接车、发车站均不能办理闭塞开放信号:区间占用表示灯亮红灯时,接车、发车站均不能办理闭塞、出站信号不能开放。

⑧发车站开放出站信号,接车站不能向同一区间开放出站信号:当发车站办理了发车进路且出站信号开放后,接车站再排列发车进路,出站信号应不能开放。

⑨未办妥闭塞,办理发车进路时,发车进路能锁闭但信号不能开放:发车站排列发车进路后,发车站未收到同意发车信号时,发车进路能锁闭但出站信号不能开放。

⑩发车站闭塞区段轨道电路故障,闭塞不能办理:当闭塞区段轨道电路故障时,闭塞应不能办理。

⑪发车站列车出发后,接车站闭塞轨道电路故障,闭塞不能自动复原,需由接车站办理事故复原;在发车站列车出发后,接车站闭塞轨道电路故障时,

在列车完全到达接车站，站间闭塞应不能自动复原，需由接车站办理事故复原才能复原。

⑫接车站引导接车时，需由接车站采用事故复原办法办理复原：接车站引导接车时，在列车完全到达接车站，站间闭塞应不能自动复原，须由接车站采用事故复原方式才能复原。

26. 引导信号

开放引导信号有引导进路锁闭和引导总锁闭两种方式。

引导进路锁闭方式主要适用于进路内轨道区段故障（故障区段上的道岔无需转换时）或部分信号开放条件不满足的情况（如需要显示的灯泡断丝、延续进路不能建立等）。按引导进路锁闭方式开放信号时，先将进路上所有道岔操纵到规定位置，再按压引导信号按钮，开放引导信号（计算机联锁车站操作方式以联锁厂家提供的使用说明书为准），控制台或显示器上的信号复示器显示一个红色灯光和一个白色灯光。接车进路上的道岔（包括中岔）无表示或位置不符，进路锁闭式引导信号应不能开放。

引导总锁闭方式主要用于进路中道岔无表示或其他条件不满足时开放引导信号。试验时，按下引导总锁闭按钮，使本咽喉所有道岔处于锁闭状态后，再按压引导信号按钮，应可开放引导信号。CTCS-2 级、CTCS-3 级线路的站场，引导总锁闭方式仅具备锁闭道岔功能。

当进路中某轨道区段故障而用进路引导方式开放引导信号后，如轨道电路故障恢复，应立即使该区段由区段锁闭转为进路锁闭状态，试验时单操该区段的道岔应不能转换。

进站（接车进路）信号机红灯灭灯时，引导信号应不能开放。进路式锁闭或引导总锁闭方式开放引导信号，列车压上进站（接车进路）内方第一轨道区段时，引导信号应自动关闭。进站（接车进路）内方第一轨道区段故障，开放引导信号时，应长时间按压引导信号按钮至列车占用该轨道区段时止。计算机联锁车站进站内方第一个区段故障时，鼠标点击生效后显示 15 s 的倒计时，在此时间内重复点击可保证引导信号不被关闭。

办理引导解锁需同时按压进路始端按钮和总人工解锁按钮。取消引导总锁闭可人工拉出引导总锁闭按钮来解锁全咽喉的道岔。

注：计算机联锁车站操作方式以联锁厂家提供的使用说明书为准。

当进站（接车进路）信号正常开放后，进路内方出现红光带时，均可直接按压引导按钮开放引导信号，使进路锁闭转为引导进路锁闭。继电式电气集中采用按压总人解和进路始端按钮的方式一次解锁，有些计算机联锁把上述进路作为两条进路储存起来，解锁时需办理两次解锁操作，操作方式以联锁厂家提供的使用说明书为准。

27. 机务段同意

机车由集中联锁区进入机务段时，必须得到机务段的同意才能开放有关调车信号。一旦机务段按压同意按钮（JTA）后，除机车进入自动取消同意外，机务段无权人工取消同意，此时信号楼控制台的机务段同意表示灯应点亮白灯。试验方法为：机务段未按压同意按钮，检查进入机务段的有关调车信号应不能开放；开通机务段的调车信号开放且机车未进入时，检查机务段应不能取消同意；每次办理"机务段同意"仅一次有效。

28. 侵限绝缘条件

在道岔区段设于警冲标内方的钢轨绝缘除双动道岔渡线的绝缘外，其安装位置距警冲标不得少于 3.5 m（运行动车组径路时为 5 m，下同），当不得已必须装于警冲标内方小于 3.5 m 处时，应按照侵入限界考虑。侵限绝缘的情况比较复杂，要根据站场平面进行仔细分析。

（1）当某一道岔区段与相邻轨道区段的绝缘节到该道岔警冲标距离小于 3.5 m 时，此绝缘节为侵限绝缘。如图 2-1 所示，经 235 号道岔反位位置办理进路时必须检查 255DG 区段的空闲条件。在联锁表中与进路相关的侵限绝缘在轨道区段栏内标注。

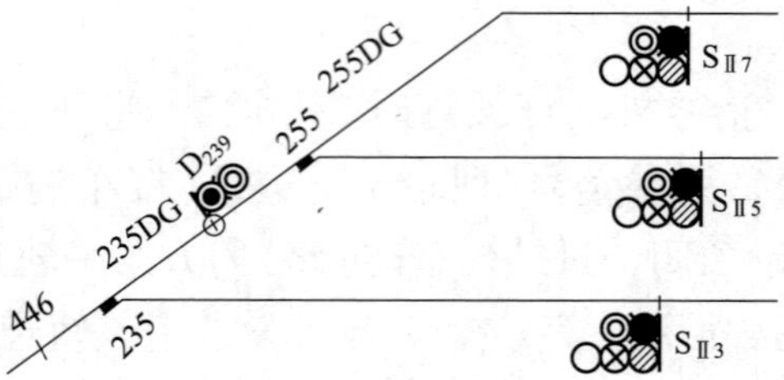

图 2-1　侵限绝缘场景 1

（2）某一道岔区段与相邻道岔区段的绝缘节到该道岔警冲标距离小于 3.5 m，当相邻区段的道岔开通本道岔区段或相邻道岔失去位置表示时，该绝缘节为侵限绝缘；当道岔不开通本区段时，该绝缘节就不是侵限绝缘，即根据相邻道岔位置条件来决定，称为条件侵限绝缘。在进路表中条件侵限绝缘在轨道区段检查栏内附加道岔位置条件标注。如图 2-2 所示，经过 36/38 号道岔反位进路的轨道区段栏内填写〈22/24〉22DG，表示 22/24 号道岔在定位时需检查 22DG 的空闲条件，反之 22/24 号道岔在反位时就不需要检查 22DG 的空闲。

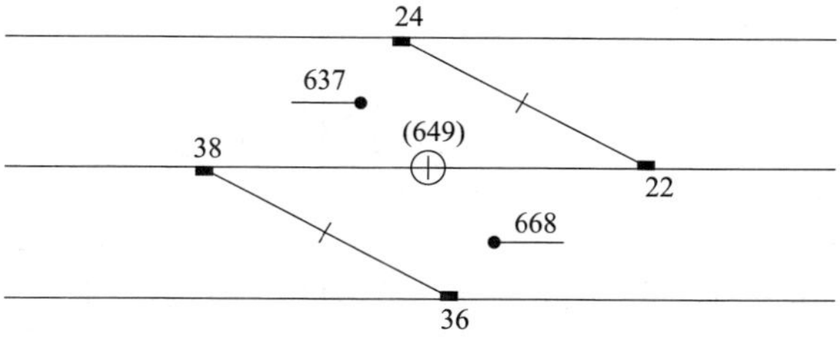

图 2-2　侵限绝缘场景 2

(3) 交叉渡线中间两道岔定位的岔心位置设置的绝缘一般为侵限绝缘。如图 2-3 所示，当该侵限绝缘处设有单置调车信号机时，经道岔定位排列向该调车信号机为终端(图中 D_{15})的调车信号时，与经交叉渡线(图中 15/17)反位的进路按敌对进路处理，此时不再单独检查侵限绝缘条件；而经另一渡线道岔(图中 11/13)反位的进路对绝缘节相邻区段按侵限进行检查。

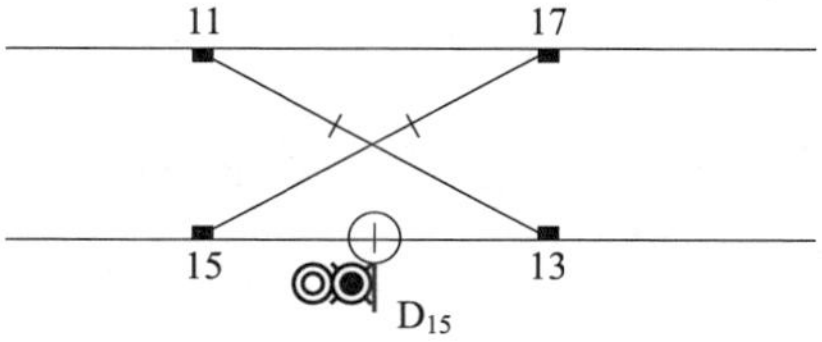

图 2-3　侵限绝缘场景 3

(4) 当道岔区段的相邻区段轨道电路虽然处于条件侵限状态，但该区段是道岔区段，且该相邻道岔在排列进路中是作为防护道岔处理的，若防护道岔带动并锁闭在规定位置，则该侵限绝缘就不成立，因此在排列进路过程中以检查防护道岔位置为主，该侵限绝缘节在进路中不需要检查，可以视为假侵限，如图 2-4 所示。

试验方法：在办理经某一区段的进路前，将该区段侵限绝缘处相邻区段人为短路，此时办理该条进路应不能锁闭，或办理进路并开放信号后，将侵限绝缘处相邻轨道区段人为短路，此时防护该进路的信号应及时关闭。

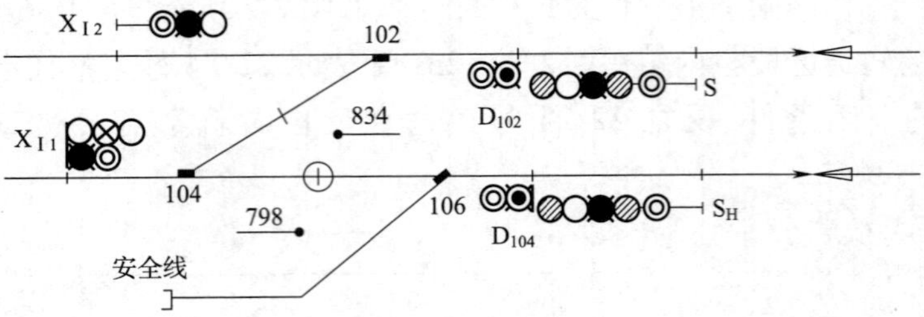

图 2-4　侵限绝缘场景 4

29. 6‰下坡道

进站信号机外方制动距离内有大于6‰的下坡道时,所有能办理接车的股道必须设有延续进路。试验方法详见本章第五节。

30. 到发线出岔

到发线出岔电路又称中岔电路,在股道中间的道岔称为中岔,中岔的技术条件既要满足调车作业的方便,同时又要保证接、发列车的安全。试验方法详见本章第四节。

31. 非进路调车

非进路调车作业是为了满足推送线向调车区固定进路反复取送车辆而设计的调车作业方式。试验方法详见本章第六节。

32. 其他联系电路

指同意动岔电路、站间联系电路、场间联系电路、驼峰联系电路等,具体试验方法参照单项试验作业指导书。

33. 防止迎面解锁

在列车运行前方的道岔区段提前错误解锁,称为列车迎面错误解锁。试验时模拟列车或车列按正常方式运行,从压入信号机内方第一个区段起,对前方未占用区段进行故障解锁,这些区段应不能解锁。

34. 全站轨道停电恢复

办理进路后,如发生全站轨道电路供电电源停电再恢复时,应防止进路中轨道继电器的上电励磁顺序与列车出清顺序相一致而造成提前错误解锁。试验时,将能排列的所有调车或列车进路办好,断开轨道电源并恢复,此时进路不应错误解锁。

35. 信号非正常关闭报警

开放的信号非经人工取消或车列正常占用造成的信号关闭,应有信号非正常关闭报警。

36. 道口通知及遮断试验

(1)车站通知条件试验:主要检查与站内联锁相关联的条件。一般来说,站内道口及邻近车站的区间道口的通知条件包括:按速度计算列车或调车接近相应的区段时,向道口发出接近通知条件;列车越过道口占用相应的区段给出道口复原条件,具体情况应按设计提供的技术说明进行。

(2)道口通知报警距离核对:道口通知报警距离必须满足道口有关技术条件规定。试验时,核对设计距离及现场实际测量距离均符合按线路允许最高速度和道口有关技术条件的计算结果。

(3)道口声光报警设备定位显示允许道路方向车辆通过信号:无列车接近时,设于道口道路方向的信号机显示月白灯,音响器不发声。

(4)列车接近时自动点亮道路方向道口信号机红灯:当列车接近道口、到达接近报警点时,自动向道路方向显示禁止车辆通行的信号,即道口信号机两个红灯交替闪光,红色闪光信号的闪光频率为50~70次/min,亮灭比为1∶1。

(5)列车接近时道口音响器自动报警:当列车到达接近报警点时,设于道口两侧道路方向的音响器自动报警,音响频率为1.5~2.0 Hz,间歇比为1∶1。

(6)当列车通过道口并出清到达点后停止报警:列车出清到达点后,道口信号机红色闪光灯光自动熄灭,转为点亮月白色灯光,音响器停止报警。

(7)人工短路轨面防护该闭塞分区的通过信号机显示禁止灯光:为确保列车运行安全,在自动闭塞区段有些道口设有人工短路轨面的短路装置,其目的是当道口因故无法关闭或停留在道口上的车辆故障时,可通过人工操作短路装置来短路轨道电路,使列车在运行前方信号机前停车,避免发生事故。

(8)遮断信号显示试验:有些道口在铁路方向设有遮断信号机,当该信号机显示禁止信号时,允许道路方面车辆通行;当遮断信号机显示进行信号时,禁止道路方面车辆通行。

37. 调车白灯保留检查

调车信号开放后,车列由接近区段压入信号机内方时,调车信号机的白灯必须保留在开放状态(机走线和机务段出口处以及机待线上的调车信号机除外),直到车列出清接近区段(接近区段留有车辆时,检查车列出清进路内方第一个轨道区段)或退出进路内方所有区段时白灯方可关闭。

38. 改变运行方向

(1)正常改方:

①未按允许改方按钮反向发车不能改方:当需要改变运行方向时,由甲站破封按下“允许改方”按钮后,“允许改方”表示灯亮红灯,方可办理改方电路。试验时不按压“允许改方”按钮,直接试排发车进路方向电路不应变化,发车进路锁闭但反向出站信号不能开放。

注:计算机联锁车站进路能否锁闭根据联锁制式不同而有所区别。

②按下允许改方按钮,办理反向发车进路自动改方:甲站值班员办理发车进路开放出站信号,使方向电路自动改变方向。改变方向后,甲站接车表示灯灭灯、发车表示灯亮绿灯,乙站接车表示灯亮黄灯、发车表示灯灭灯,此时可拉出“允许改方”按钮,“允许改方”表示灯红灯灭灯。试验时,按规定要求操作,检查能否正常改变方向,表示灯显示是否正常。

③改方后办理正向发车恢复正方向:当需将反方向电路改为正向运行状态时,乙站按发车站的要求操作,只是在操作方式上电路设计中正向发车口不设“允许改方”按钮,在对方站未排列发车进路时,直接办理发车进路即可改回正方向。

④对方站有发车进路不能改方:当对方站发车进路建立后,其发车锁闭继电器 FSJ 落下,使监督区间亮红灯,表示对方站发车已提前占用区间,不允许本站再向同一区间发车。试验时需分别对甲、乙两站在对方站发车进路建立后,试排发车进路,检查改变运行方向电路工作情况。

⑤办理非列车进路不能改方:改变运行方向电路是以列车进路来带动方向条件的,试排向发车口的调车进路,应不能改变运行方向。

(2)辅助改方:

①闭塞分区占用不能正常改方:当区间轨道电路故障时,不能按正常办理方法改变运行方向,应采用辅助办理方法改变运行方向。其办理方法为:

a. 由甲站(欲发车的车站)值班员破封按下“总辅助办理按钮”后,再破封按下“发车辅助”按钮并不能松手,此时甲站“辅助办理”表示灯亮白灯。

b. 随后由乙站(欲接车的车站)值班员破封按下“总辅助办理按钮”后,再破封按下“接车辅助”按钮,等“辅助办理”表示灯亮白灯后,即可松开“接车辅助”按钮。当乙站“接车表示”灯亮黄灯、“发车表示”灯灭灯、“辅助办理”表示灯白灯灭灯时,说明乙站辅助办理已经结束,已改成了接车站。

c. 当甲站的“发车表示”灯绿灯点亮，“接车表示”黄灯灭灯时，表示辅助办理已经结束，本站已改为发车站，这时值班员可松开“发车辅助”按钮，但“辅助办理”白灯仍亮着。

d. 两站的“总辅助办理按钮”必须在列车出发完全进入区间后，才能拉出复位并立即加封。

②FSJ 落下不能进行辅助改方：发车锁闭继电器落下后不允许辅助办理是要求对方站发车进路建立后防止以任何方式出现向同一区间同时办理发车的可能性。试验时可由对方站先排发车进路使 FSJ 落下，进行试排辅助改方，确认方向不能改变。

③双接时依靠辅助方式改方：当甲、乙两站出现双向接车时，由于 FJ1、FJ2 均处于吸起状态，切断了 F1、F2 的改方电源，此时按正常改方不能办理，需要按辅助方式进行改变运行方向操作，试验时可人为将两站的 FJ1、FJ2 均改为接车状态，然后分别进行正常改方操作和辅助改方操作，检查方向电路动作情况。

④监督电路故障时办理辅助改方：区间监督继电器电路故障（区间监督表示灯亮红灯），此时 F3、F4 条件断开，运用辅助办理是辅助改方的基本功能之一，目的是当辅助改方后如区间监督红灯消失时，可以办理发车信号。试验时将 F3 或 F4 线断开，分别进行正常改方和辅助办理，检查电路工作情况。

⑤辅助改方后开放出站试验：

a. 监督电路故障不能开放：辅助改方后若监督区间灯点红灯，说明区间故障仍然存在，禁止开放出站信号。

b. 监督电路良好能开放：辅助改方后监督区间灯红灯灭，此时可办理发车进路，开放出站信号。

⑥列车发车后发车站辅助灯灭灯：以辅助办理方式改变运行方向后，发车站的“辅助”表示灯一直显示白灯，表示 DJ（短路继电器）在吸起状态，列车出发越过出站信号机后，DJ 落下，甲站“辅助办理”表示灯白灯灭灯。模拟列车运行后检查表示灯和继电器状态。

⑦列车运行方向表示：设甲站为原接车站，乙站为原发车站，平时甲站接车表示灯亮黄灯、发车表示灯灭灯，乙站接车表示灯灭灯、发车表示灯亮绿灯。

⑧区间占用表示：甲、乙两站均在每条运行线上设有的监督区间的表示

灯,当区间有车占用、失去分路或任一站办理了发车进路后时,“监督区间”灯点红灯;当区间空闲,所有区间轨道继电器均吸起且两站均未向区间办理发车进路,“监督区间”灯灭灯。

⑨方向电路回路总电阻 RF:RF 用于改善 F1、F2 回路的传输特性,消耗方向电源在外线上产生的感生电势,测试总电阻值应符合设计要求。

⑩监督回路总电阻 RJ:RJ 用于改善 F3、F4 回路的传输特性,消耗方向电源在外线上产生的感生电势,测试总电阻值应符合设计要求。

⑪本站方向继电器端电压:方向继电器采用的极性保持继电器(JYXC-270),在改方时本站的继电器工作电源由对方站供出,根据两站之间的距离不同,传输外线的阻抗不同,线路消耗的压降也不相同,因此需要根据每条外线的情况进行测试调整,一般该电压应在 12 ~ 18 V 之间,确保办理改方操作时 FJ 继电器能够可靠转极。

⑫方向电路供电电压:方向电路的供电电压是为对方站的方向继电器转极提供工作电源用的,调整本站的供电电压保证对方站继电器端压满足工作需要。方向电路的线路电压不宜过高,避免外线上产生的感应电势过大,造成改方时 FJ 工作不正常。

⑬本站监督区间继电器端电压:监督区间继电器平时挂在区间外线 X3、X4 上,在所有区间空闲且两站均未办理发车进路时,区间监督继电器应可靠吸起,监督区间空闲。此时测试 JQJ 线圈端电压应符合《普速铁路信号维护规则　技术标准》,若上述任一条件不满足区间监督继电器均处于落下状态,继电器两端无电。

⑭监督电路供电电压:区间监督继电器(JWXC-H600)是由发车站供电的,调试发车站的区间监督供电电压,使接车站 $JQJ_{1\text{-}4}$线圈两端电压应符号《普速铁路信号维护规则　技术标准》,保证接车站 JQJ 能可靠吸起;改变运行方向后,互换供电方向,调试另一方的供电电压。

注:不论正常改方还是辅助改方,前一次办理后必须等待 13 s 后方准再次办理改方。

39. 排列长调车进路

(1)对具备两条及以上短调车进路组成的所有长调车进路进行开放试验,防护每条进路的信号应由远及近顺序开放。

(2)对具备两条及以上短调车进路组成的所有长调车进路进行开放试验,人工使远端调车信号不能开放,近端调车信号均应不能开放。

第二节　联锁电路检查(C2/C3)联锁试验

一、试验适用范围

1. 新建、改造、大修时引起的联锁软件变更(C2/C3),应对所有项目进行试验。

2. 联锁软件变更,计算机联锁供应商试验建议中要求仿真试验时,应对所有项目进行试验。

二、试验注意事项

1. 严格按照"信号联锁试验管理办法"执行,严格执行联锁纪律,严禁简化联锁试验程序、联锁试验不彻底;

2. 试验人员携带车站平面图、联锁进路表、设计说明等资料;

3. 审核计算机联锁设备供应商资料,确认软件具备仿真试验条件,核查试验环境符合文件要求;

4. 核对软件版本号与供应商公布的软件版本号一致;

5. 仔细阅读软件试验要求,特别是维护说明中的特殊要求;

6. 试验前核对联锁界面与平面图一致,核对供应商进路表与设计公布的一致;

7. 联锁试验主持人必须取得联锁试验(管理)资格证;

8. 试验过程中发现的问题需第一时间向段联锁主任、设计、供应商反馈,做好问题记录与闭环;

9. 联锁试验不彻底严禁交付使用;

10. 试验完成后填写相应资料,保存软件备份。

三、联锁试验项目及方法

信号联锁电路检查(C2/C3)联锁试验样表见附件2。

1. 进路号码

按进路表给定的进路号码,核对联锁进路号与所排进路的一致性。在进路表中，对通过进路等组合进路以接车进路号加发车进路号组合填写，不单独计入进路总数中。在试验组合进路时，特别要注意黄闪黄显示或18号及以上大道岔进路，检查是否存在与该进路平行或变通的条件而信号显示不符合黄闪黄显示要求的进路，如存在上述进路，则组合进路编号应与大号码组合进路相区别，信号显示和发码条件也应按普通道岔进路处理。

2. 进路始端

填写联锁进路表中进路始端按钮名称。

3. 进路变通

指在站场中存在着与基本进路平行或“八字”迂回条件时，通过按压变更按钮变通方法而办理的进路。办理变通进路时需要按压进路始终端之间相应的变通或调车信号按钮。当站场中存在“小八字”或因运营要求禁止使用的迂回进路，在试验中应检查不能排出。

4. 进路终端

填写联锁进路表中进路终端按钮名称。

5. 点灯状态下办理正反向发车进路（含引导）检查区间所有区段空闲

出站信号机点亮并办理正、反向发车进路（含引导）时，应检查站间区间轨道全部空闲条件后才可点亮允许灯光。试验时，应将整个区间的每个闭塞分区分别占用，分别试验上述各种不同情况下的发车信号（含引导）均应不能开放。

6. 灭灯状态下办理反向发车进路（含引导）检查区间所有区段空闲

出站信号机灭灯状态下办理反向发车进路（含引导）时，应检查站间区间轨道全部空闲条件后才可点亮允许灯光。试验时，应将整个区间的每个闭塞分区分别占用，分别试验上述各种不同情况下的发车信号（含引导）均应不能开放。

7. 灭灯状态下办理正向引导发车进路不检查区间一离去条件

向正向发车口办理引导，不检查区间一离去轨道状态。试验时，人工占用一离去轨道电路，灭灯状态下办理正向引导发车进路，信号应能开放。

8. 引导总锁时不能开放引导信号

办理引导总锁闭时，仅对本咽喉所有道岔实施锁闭，不得开放该咽喉列车信号机的引导信号。试验时，应分别对每个咽喉的引导总锁闭进行试验，在按压某个咽喉引导总锁闭按钮后，对应该咽喉的所有道岔应不能操纵，所有列车信号机的引导信号应不能开放。

9. 停稳计时(40 s)

(1)当进站列车完全进入股道或接车进路最后区段解锁后该计时开始,连续计时40 s后自动停止(此时禁止人工将原接车时点亮的出站信号机红色灯光熄灭)。试验时,模拟列车完全进入股道或接车进路最后区段解锁后开始记时,检查连续计时应满足40 s后自动停止的要求,并在计时期间,去除股道占用试验应不能向该股道办理列车或调车进路。

(2)办理通过进路,在列车出清股道后,停稳计时自动停止。试验时,模拟列车通过,在列车完全进入股道或接车进路最后区段解锁后记时的40 s内,并在占用发车进路内第一个区段后,去掉股道占用条件,检查停稳计时应自动停止。

10. 站间闭塞状态下办理发车进路连续检查区间空闲13 s

非ATP列车或ATP故障列车发车连续检查区间空闲13 s。试验时,在开灯状态下,将区间任一区段(每个区段均需试验)人为占用,去掉占用条件并在13 s内应不能开放发车信号。

11. 未办理进路能改变点灯状态

在信号机未办理进路前应能进行点灯、灭灯操作。

12. 进路办理好后不能改变相应信号机的点灯状态

(1)灭灯状态下进路办理好后,联锁应不能点亮该列车信号机灯光。试验时,在未点亮列车信号机红灯的前提下,先办理列车进路,再办理该列车信号机点灯操作,应不能点亮该信号机灯光,并有提示。

(2)信号机点灯状态下已办理列车进路时,应不能熄灭点亮的灯光。试验时,信号机点灯状态下先办理列车进路,再办理该列车信号机灭灯操作,应不能熄灭点亮的灯光,并有提示。

13. 点灯状态进路正常解锁时红灯灭、留时机

(1)列车进路第一区段解锁后,信号机红灯熄灭:列车越过点亮的进(出)站信号机,进(出)站信号机点红灯,并在信号机内方第一区段解锁后,红灯灯光熄灭。试验时,应注意红灯熄灭时机是否符合规定。

(2)出站兼调车信号机的调车进路第一区段解锁后红灯灯光熄灭:出站兼调车信号机用于调车时,调车进路建立后信号机应点亮白色灯光。调车车列全部越过信号机后点亮红色灯光,调车进路第一区段解锁后(包括股道有存车时)出站信号机红灯灯光熄灭;车列占用调车进路且未出清股道又退回股道

时,出站信号机红灯应保留。试验时,应根据全部出清股道、股道存车、返回股道等三种不同情况分别进行试验,检查出站信号机红灯熄灭或保留是否符合规定要求。

14. 点灯状态向股道接车(含引导)或调车时出站红灯应自动点亮

进站信号机点亮并办理接车进路(含引导)或向股道进行调车作业时,对应进路股道上的顺向出站信号机应自动点亮红色灯光。试验时,分别向股道办理接车或调车进路,顺向出站信号机应能自动点亮红色灯光;如出站信号机不能自动点亮红色灯光,进站接车信号应不能开放(即进、出站红灯一致性检查),引导及调车信号应能开放。

15. 点灯状态下进站信号机开放信号检查出站信号机红灯灯丝(不含引导及调车)

(1)办理了接车进路(不含引导)并开放信号后,出站信号机已点亮的红色灯光因灯丝断丝熄灭时,进站信号机应点亮红色灯光。试验时,可在开放了进站信号后,人工熄灭出站红灯,此时进站信号应立即点亮红灯。

(2)向股道调车出站红灯熄灭时,调车白灯保留:办理了向股道的调车进路,出站信号机已点亮的红色灯光因灯丝断丝熄灭时,调车信号机保持点亮白色灯光。试验时,可在开放了向某股道的调车信号且顺向出站信号机红灯点亮后,人工熄灭出站红灯,开放的调车信号应不受影响。

16. 点灯状态股道进行列车或调车折返作业时,进路解锁且股道空闲后原点亮的出站信号机应自动灭灯

股道出清且进路解锁后出站红灯熄灭;对于进入股道折返作业的列车或车列,发车或调车进路解锁且股道空闲后原点亮的出站信号机灯光随之熄灭。试验时,分别办理每条股道的接车和接车方向的调车进路,列车或车列进入股道后根据开放的折返信号折返,当发车或调车进路解锁,检查股道时原点亮的出站信号机红灯应随之熄灭,股道有存车时原点亮的出站信号机红灯应继续点亮。

17. 点灯状态正线进(出)站信号机红灯灭灯时不能开放信号

点灯状态正线进(出)站信号机,开放信号前,应检查红灯灯丝处于完好状态。试验时可拔掉室外信号机红灯灯泡或断开室内信号机熔丝(或拉断断路器)后办理进路,有关信号应不能开放。

18. 点灯状态时,允许灯光断丝转点禁止灯光检查

(1)进站允许灯光灭灯转点红灯:进站信号机应点亮允许灯光(绿灯、黄灯、双黄灯、双黄闪灯、红白灯)时,点灯电路故障或灯丝断丝,进站信号机点亮红灯。

(2)办理了接车进路,出站信号机应点亮红灯时,出站信号机灯丝断丝灯光熄灭,进站信号机应点亮红灯。

(3)办理了通过进路,出站信号机应点亮绿灯时,出站信号机绿灯灯丝断丝,出站信号机应点亮红灯,进站信号机应点亮黄灯。

(4)在地面信号机点亮允许灯光状态,当灯丝断丝灭灯时,控制台上对应的信号复示器应闪烁并转为红灯显示,同时给出报警提示。

19. 临时限速降级信号显示

列控中心向联锁输出降级命令,联锁控制台降级灯应点亮,进站信号机降为双黄灯。

20. 落物试验

具有异物侵限防护功能的区段,当异物侵限发生时,联锁控制台应有异物侵限报警,相应区段出现红光带。

第三节 列车进路接近锁闭联锁试验

一、试验适用范围

1. 新建、改造、大修时引起的联锁软件变更,应对所有项目进行试验。

2. 联锁软件变更,计算机联锁供应商试验建议中要求仿真试验时,应对所有项目进行试验。

3. 新建继电联锁车站,或相应电路修改。

二、试验注意事项

1. 严格按照“信号联锁试验管理办法”执行,严格执行联锁纪律,严禁简化联锁试验程序、联锁试验不彻底;

2. 试验人员携带车站平面图、设计说明等资料;

3. 审核计算机联锁设备供应商资料,确认软件具备仿真试验条件,核查试验环境符合文件要求;复核接近锁闭区段长度符合相应线路速度等级制动要求;

4. 核对软件版本号与供应商公布的软件版本号一致；

5. 仔细阅读软件试验要求，特别是设计说明中的接近锁闭说明；

6. 联锁试验主持人必须取得联锁试验（管理）资格证；

7. 试验过程中发现的问题需第一时间与段联锁主任、设计、供应商反馈，做好问题记录与闭环；

8. 联锁试验不彻底严禁交付使用；

9. 试验完成后填写相应资料，保存软件备份；

10. 计算机联锁接近锁闭具有记忆功能，每次试验接近锁闭区段时，需确认所办进路没有原接近锁闭条件。

三、联锁试验项目及方法

列车进路接近锁闭联锁试验样表见附件 3。

1. 信号机名称

按图纸给定的信号机编号填写。

2. 一 ~ 十接近

根据线路速度等级和设计图纸确定接近锁闭区段数量，对应每个接近区段均设有接近表示光带或表示灯（反向接近表示灯在正向发车时，兼作正向离去表示灯使用）。试验时，应分别对每条正向及反向接、发车进路接近锁闭区段范围内的每个区段逐个进行占用，办理取消进路手续后进路应不能解锁。

3. 正线出站信号机接近延长试验

（1）办理通过信号后，正线出站信号机接近区段长度同进站信号机接近区段长度，具体数量根据线路速度等级和设计图纸确定。试验时，先办理通过信号，再分别占用正线出站信号机接近锁闭区段范围内的每个区段，办理取消进路手续后，正线出站进路应不能解锁。

（2）未办理通过信号时，正线出站信号机接近区段为股道。试验时，不办理通过信号，开放正线出站信号机后，占用股道时办理取消手续，正线出站进路应不能解锁；占用相关接车进路上任意区段及区间区段，办理取消进路手续后，正线出站进路应能解锁。

4. 弯进弯出或弯进直出时发车进路接近区段延长至进站内方

办理弯进弯出或弯进直出进路，进站显示 USU 信号时，发车进路接近区段延长至进站内方。试验时，应分别对每条进站显示 USU 信号的弯进弯出或弯进直出发车进路接近锁闭区段范围内的每个区段逐个进行占用，办理取消进路手续后，进路应不能解锁。

第四节　到发线出岔联锁试验

一、试验适用范围

1. 新建、改造、大修时引起的联锁软件变更，应对所有项目进行试验。

2. 联锁软件变更，计算机联锁供应商试验建议中要求仿真试验时，应对所有项目进行试验。

3. 电源屏年检停电或故障停电时，继电联锁车站应试验停电恢复故障解锁。

二、试验注意事项

1. 试验人员携带联锁进路表、设计说明等资料；

2. 设在含有通过进路的正线股道的中岔电路或多中岔电路，需要根据具体运营条件和设计说明提出相应的试验项目进行针对性试验。

三、联锁试验项目及方法

到发线出岔联锁试验样表见附件4。

1. 正常开放信号

包括中岔所在股道办理所有接、发车进路时，在具备开放条件时信号应能正常开放。

2. 带动道岔

办理中岔所在的股道接、发列车进路时，有关中岔应能被自动带到规定位置。试验时，将有关中岔先置于不符要求的位置，再办理接、发列车进路，检查有关中岔应被带到规定位置。

3. 锁闭中岔

办理中岔所有的股道接、发列车进路时（包括进路式引导信号），有关中岔应被锁闭在规定位置，方可开放信号。信号开放后，单操有关中岔，应不能动作。

4. 中岔位置不对不能开放信号

如中岔因故不能被带到规定位置或无表示时，有关接、发列车（包括进路式引导)信号应不能开放。试验时,可将中岔单锁在不符要求的位置或人工切断中岔表示,检查有关信号应不能开放。

5. 取消或人工解锁

接车进路:办理接车进路取消解锁和人工解锁时,中岔区段应在咽喉区接车进路解锁后自动解锁;咽喉区最后一个道岔区段未解锁时,中岔不允许解锁。试验时,接车进路办理人工解锁,在进站信号关闭但接车进路未解锁的延时时间内,单操中岔应不能动作。

发车进路:取消发车进路时,中岔与发车进路同时解锁。办理发车进路人工解锁在出站信号关闭但发车进路未解锁的延时时间内,单操中岔应不能动作。

6. 发车正常解锁

分别试验岔前、中岔及岔后区段被列车占用并办理发车进路,在列车占用咽喉区第一个道岔区段并全部出清股道后,才准许中岔解锁;模拟发车,人工确认。

7. 股道留车发车

发车时如股道留有车辆,需在咽喉区第一个道岔区段解锁后,才准许中岔解锁(如中岔区段留车,则转为对中岔进行区段锁闭)。试验时模拟发车,分别在岔前、中岔及岔后区段留车及第一个区段解锁前、后,检查中岔是否解锁。

8. 接车未占用中岔解锁

接车时,如列车未占用中岔区段,在咽喉区最后一个道岔区段正常解锁后,经延时 3 min 后中岔自动解锁。

9. 接车压留中岔解锁

接车时如列车停留在中岔区段,咽喉区道岔区段正常解锁后,中岔区段不应解锁。试验时,采用人工模拟列车运行并停留在中岔区段,单操道岔应不能动作。

10. 接车出清中岔解锁

列车占用并按顺序出清中岔区段后,该区段应能按三点检查方法正常解锁;列车停留在中岔区段,在间隔一段时间后再出清,停留车列如沿原接车方向发车或调车,出清中岔区段后应自动解锁;如停留车列向原接车相反方向发车或调车,在出清中岔区段后,应办理故障解锁手续使中岔区段解锁;试验时模拟列车运行来确认解锁时机。计算机联锁车站的中岔,经 3 min 延时并出清区段后自动解锁。

11. 停电恢复故障解锁

当发生停电恢复时,6502 电气集中车站在先解锁中岔股道两端的咽喉区道岔区段后,方可采用故障解锁方式解锁中岔。在停电恢复试验时,在咽喉区道岔未解锁时以区段故障解锁方式(按压中岔所在咽喉的总人工解锁按钮和中岔区段故障按钮),确认中岔应不能解锁;在咽喉区道岔解锁后,以区段故障解锁方式解锁中岔,使 SJ 和 FSJ 吸起,这时除该区段白光带应消失外,还需试操纵中岔应能转换,以确认 SJ 和 FSJ 确已吸起(计算机联锁车站的解锁方式以联锁厂家提供的使用说明书为准)。

第五节　延续进路联锁试验

一、试验适用范围

1. 新建、改造、大修时引起的联锁软件变更,应对所有项目进行试验。

2. 联锁软件变更,计算机联锁供应商试验建议中要求仿真试验时,应对所有项目进行试验。

二、试验注意事项

1. 试验人员携带联锁进路表、设计说明等资料;

2. 涉及站改、信号机外移等(过渡)施工时,需关注进站信号机外方坡道数据。

三、联锁试验项目及方法

延续进路联锁试验样表见附件 5。

1. 正常排列延续进路

延续进路的始端为同方向出站信号机,终端为安全线上的车挡、牵出线或专用线入口处的调车信号机、进出站口的进站信号机或站界标等。办理方式为顺序按压接车进路始、终端按钮和延续进路终端按钮。

2. 延续进路未排列进站信号不能开放

延续进路建立是指道岔位置正确、进路空闲、没有建立敌对进路、道岔和延续进路已经锁好等,即延续进路上这些条件完全具备后,方可开放进站信号

（引导信号除外）；试验时，应对上述条件逐项缺失试验，检查进站信号应不能开放。

3. 信号开放后延续进路上道岔锁闭

有延续进路的进站信号开放后（不含引导信号），延续进路上的道岔应处于锁闭状态；试验时可单操有关道岔进行检查。

4. 道岔位置不对延续进路不能排列

指延续进路上的有关道岔位置不符规定要求或无表示时，延续进路不能建立；试验时可人为将道岔置于不符要求的位置并单锁或断开道岔表示，检查延续进路能否锁闭。

5. 延续进路区段占用进路不能排列

指延续进路上的有关区段被占用时，延续进路不能建立；可人为分路延续进路上的有关区段，检查延续进路能否锁闭。延续进路锁闭后，可不始终检查延续进路上的轨道区段空闲。

6. 延续进路敌对信号

与延续进路重叠的对向接车和调车信号、顺向重叠的调车信号等均属延续进路的敌对信号。试验时，在开放敌对信号后，检查延续进路应不能建立；在办理延续进路并锁闭后，检查敌对信号应不能开放。

7. 接车进路未锁闭延续进路不锁闭

此要求主要是为了减少对延续进路一端作业效率的影响；试验排列接车进路后进路未锁闭时，检查延续进路应不锁闭。

8. 正常接车延续进路 3 min 解锁

在正常接车情况下，须在列车占用股道 3 min 后，才准许延续进路自动解锁；当列车占用延续进路后延续进路不得解锁。

9. 正常接车延续进路坡道解锁立即解锁

在列车头部进入股道 3 min 且接车进路最末道岔区段解锁后，因故障导致延续进路不能正常解锁时，可采用按压坡道解锁按钮的方法使延续进路立即解锁。

10. 取消解锁

解锁顺序应为接车进路先解锁，延续进路才能解锁；在接车进路未解锁时，延续进路应不得解锁（包括故障解锁）。

11. 人工解锁

列车占用接近区段，办理接车进路人工解锁，解锁顺序应为接车进路先解锁，延续进路才能解锁；在接车进路未解锁时，延续进路应不得解锁（包括故障解锁）。在 3 min 延时解锁时间内办理延续进路取消、人工解锁及故障解锁手续，检查延续进路应不能解锁。

12. 办理延续进路的出发信号（列车接近时）

接车进路已接近锁闭，先办理闭塞条件，之后只要单独按压延续进路的始端列车按钮，延续进路将转为正常发车进路，出站信号应能开放。

13. 办理延续进路的出发信号（列车压入进路内方第一区段）

列车已压入接车进路内方第一区段，先办理闭塞条件，之后只要单独按压延续进路的始端列车按钮，延续进路将转为正常发车进路，出站信号应能开放。

14. 办理延续进路的出发信号（列车压入股道时）

列车已压入股道，但延续进路未解锁前，先办理闭塞条件，之后只要单独按压延续进路的始端列车按钮，延续进路将转为正常发车进路，出站信号应能开放。

15. 有重叠进路双方向同时平行同向接车

同一端有两个方向的进站信号机外方存在 6‰的下坡道，向不同股道同时办理平行接车时，它们的延续进路不应重叠，即如果办理重叠的延续进路，两进站信号不得同时开放。

第六节　非进路调车联锁试验

一、试验适用范围

1. 新建、改造、大修时引起的联锁软件变更，应对所有项目进行试验。

2. 联锁软件变更，计算机联锁供应商试验建议中要求仿真试验时，应对所有项目进行试验。

二、试验注意事项

1. 试验人员携带联锁进路表、设计说明等资料。

2. 核对联锁厂家非进路调车处理方式符合设计规范。

三、联锁试验项目及方法

非进路调车联锁试验样表见附件6。

1. 开通进路有关信号开放

指推送线上办理非进路调车并在条件满足后，不论是正向还是反向信号机均应自动处于开放状态。

2. 带动道岔

按压非进路调车按钮后，与推送线有关的道岔均应被自动带到规定位置。试验时，预先将道岔置于相反位置，按压非进路调车按钮，检查确认道岔均已被自动带到规定位置。

3. 进路开通锁闭道岔

非进路调车信号开放后，与该推送线有关的道岔应全部被锁闭。试验时，可在开放非进路调车信号后，单独操纵与该推送线有关的道岔，应不能转换。

4. 道岔位置不对不能开放

办理非进路调车时，如该推送线上的道岔无表示或表示位置不符合规定要求，所有有关信号不能开放。试验时，可将与该推送线有关的道岔逐组单锁在与进路要求不符的位置，办理非进路调车，信号应均不能开放。

5. 轨道区段占用不能开放

与推送线有关的任何一个区段如被占用，办理非进路调车时信号应均不能开放。试验时，人工分路与推送线有关的每个道岔区段，检查所有信号应均不能开放。

6. 敌对信号

指与非进路调车相敌对的信号。试验时，先开放敌对信号后，有关非进路调车应不能办理，或先办理非进路调车后，有关敌对进路应不能办理。

7. 正常调车不关闭信号

指办理非进路调车后推送线上的调车信号不随正常调车而关闭。试验时，在办理了非进路调车后的推送线上人工模拟调车，检查有关调车信号应不关闭。

8. 取消进路经30 s解锁

办理了取消非进路调车手续后，推送线上所有调车信号应及时关闭，但有关道岔处于进路锁闭状态，需经延时30 s后自动解锁。试验时，在办理取消进路的延时解锁时间内(非进路表示灯闪光),操纵道岔不应转换。

9. 区段占用不能解锁

办理取消非进路调车手续后,需推送线上所有道岔区段均处于空闲状态(无岔区段或前后有调车信号机防护的道岔区段除外),非进路调车进路经延时 30 s 后才能解锁(有车占用道岔区段此时转为区段锁闭)。试验时,逐个区段进行人工分路,办理取消非进路调车,检查非进路调车进路是否能解锁。

10. 区段故障人工解锁

办理非进路调车后,当发生该推送线上有关区段故障时,拉出非进路调车按钮,然后按压非进路调车故障复原按钮后,应能使非进路调车设备复原。

11. 侵限绝缘检查

试验方法与第二章第一节侵限绝缘试验方法一致。

第三章　道岔联锁试验

道岔联锁试验主要包括电动道岔联锁试验、分动外锁闭道岔联锁试验、道岔功能联锁试验等。

第一节　电动道岔联锁试验

一、试验适用范围

1. 更换转辙机，应试验以下项目：

(1)核对位置；

(2)断表示接点；

(3)断移位接触器；

(4)4 mm、6 mm、10 mm 试验；

(5)道岔被阻后转换试验；

(6)断遮断器；

(7)2DQJ、D(F)BJ 及道岔表示一致；

(8)关联道岔每个牵引点核对位置、每个位置断一组表示接点。

2. 更换道岔电缆、蛇管配线、道岔箱盒，应试验以下项目：

(1)核对位置；

(2)断表示接点(定反位各断一组接点)；

(3)2DQJ、D(F)BJ 及道岔表示一致；

(4)关联道岔每个牵引点核对位置、每个位置断一组表示接点。

3. 更换转辙机内部配线、接点，应试验以下项目：

(1)核对位置；

(2)断表示接点；

(3)断移位接触器；

(4)道岔被阻后转换试验;

(5)断遮断器;

(6)2DQJ、D(F)BJ 及道岔表示一致;

(7)关联道岔断一组接点。

4. 更换整流堆、电机,应试验以下项目:

(1)核对位置;

(2)断表示接点(定反位各断一组接点)。

5. 更换遮断器,应试验以下项目:

断遮断器。

6. 更换启动、表示断路器,应试验以下项目:

(1)核对位置(控制台);

(2)断表示保险试验;

(3)断启动熔丝道岔不能扳动。

7. 更换道岔安装装置、杆件、锁闭装置应试验以下项目:

4 mm、6 mm、10 mm 试验。

8. 道岔大修(不涉及室内电路修改)应试验以下项目:

(1)核对位置;

(2)断表示接点;

(3)断移位接触器;

(4)末端二极管核对;

(5)4 mm、6 mm、10 mm 试验;

(6)道岔被阻后转换试验;

(7)断遮断器;

(8)2DQJ、D(F)BJ 及道岔表示一致。

9. 道岔大修(ZD6 道岔 D 型改 E、J 型)应试验以下项目:

(1)核对位置;

(2)断表示接点;

(3)断移位接触器;

(4)末端二极管核对;

(5)4 mm、6 mm、10 mm 试验;

(6)道岔被阻后转换试验;

(7)断遮断器；

(8)2DQJ、D(F)BJ 及道岔表示一致；

(9)断启动熔丝道岔不能扳动；

(10)道岔锁闭(计算机联锁核对 GJ、SFJ 接点)；

(11)挤岔断表示报警；

(12)道岔自闭电路试验；

(13)断表示保险试验；

(14)动作限时保护试验；

(15)道岔区段前接点接入启动电路。

二、试验注意事项

1. 试验人员携带车站平面图、道岔原理图、设计说明等资料，核对器材型号规格应符合规范；

2. 停电施工时，应将局控道岔在停电前置于定位位置，防止停电恢复后局控道岔无法在控制台操纵；

3. 需要做模拟条件时，必须按照铁路局集团公司联锁管理实施细则中模拟条件管理及联锁试验卡控措施规定执行；

4. 模拟条件拆除后，需要对加装模拟条件的设备进行全面试验。

三、联锁试验项目及方法

电动道岔联锁试验样表见附件 7。

1. 道岔号码

填写需要试验的道岔号码。

2. 核对位置

是指核对室外道岔实际开通位置与室内定、反位表示继电器及控制台光带开通位置、道岔表示灯显示位置相一致。对于可动心轨道岔应核对尖轨与心轨开通位置一致，多动道岔要确认各点位置相一致。

一般在试验前应预先确定每组道岔岔后直股或弯股开通对应的设备名称，分别与室内道岔定、反位位置相对应，并做好记录。试验时，应由室外核对人报出某组道岔实际开通对应设备的位置，室内联锁试验人根据室外报告的实际开通位置与室内道岔表示和光带表示等对照。特别需注意：道岔位置核对试验必须操纵一组试验一组，严禁先全部核对一个位置，然后全部操纵到另一个位置后再核对所有道岔的另一个位置。

复交道岔核对位置采取排列进路试验方法，通过四条进路与室内控制台显示的一致性核对，如图 3-1、图 3-2 所示，确认复交道岔的开向是否正确，并核对定反位，见表 3-1、表 3-2。

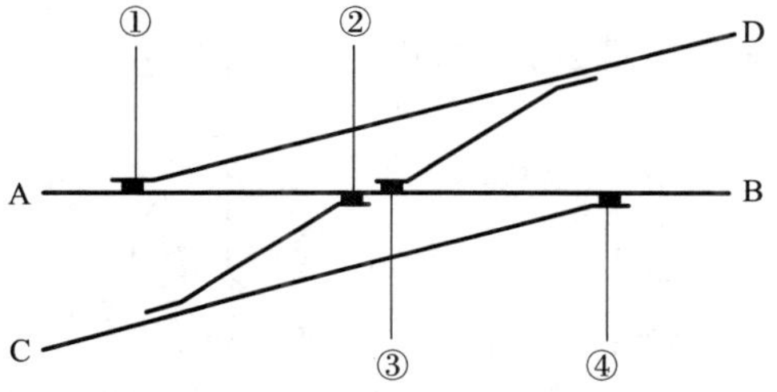

图 3-1　复交道岔开向图 1

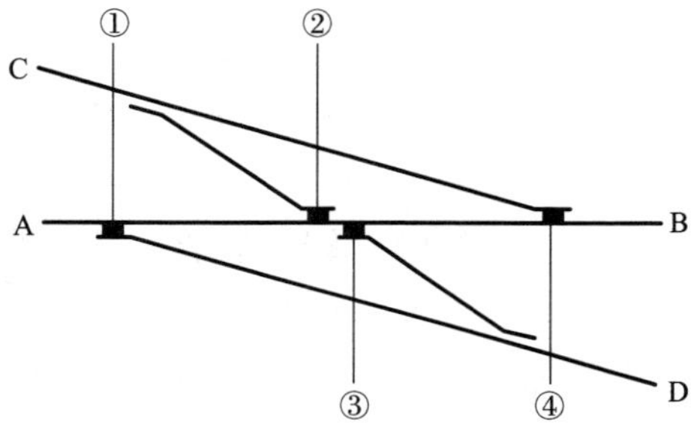

图 3-2　复交道岔开向图 2

表 3-1　复交道岔位置核对表 1

进　　路	牵引点表示			
	①	②	③	④
A⟷B	定位	定位	定位	定位
A⟷D	反位	反位	定位	定位
C⟷B	定位	定位	反位	反位
C⟷D	反位	反位	反位	反位

表 3-2　复交道岔位置核对表 2

进　　路	牵引点表示			
	①	②	③	④
A⟷B	定位	定位	定位	定位
A⟷D	反位	反位	定位	定位
C⟷B	定位	定位	反位	反位
C⟷D	反位	反位	反位	反位

3. 断表示接点

是指依次逐组断开室外转辙机自动开闭器的定、反位表示接点时，相应的定、反位表示继电器应可靠落下，控制台道岔定、反位表示灯应灭灯。同时检查挤岔声光报警应符合要求。

4. 断移位接触器

是指道岔分别在定位或反位位置时，断开表示电路所检查的对应移位接触器接点，道岔的定或反位表示继电器应可靠落下，控制台道岔表示灯应灭灯。同时检查挤岔声光报警应符合要求。

5. 4 mm、6 mm、10 mm 试验

在规定位置用 4 mm、6 mm、10 mm 标准检查铁片进行密贴检查试验，应符合规定要求。

6. 道岔被阻后转换试验

在道岔转换过程中由于各种原因造成受阻不能转换到需要位置时，为防止电机长时间工作而烧坏，必须能将道岔操纵转换到原来位置。试验时人为在尖轨（或心轨）与基本轨（或翼轨）间夹入试验铁，使道岔不能转换到位，再往回操纵，道岔应能回转。

7. 断遮断器

遮断器即为安全接点。断开遮断器后操纵道岔，转辙机应不能动作。

8. 断启动熔丝道岔不能扳动

试验时，先拔掉启动熔丝（或拉断断路器），再操纵道岔应不能转换。

9. 2DQJ、D（F）BJ 及道岔表示一致

试验每组道岔，检查道岔置于定位时，2DQJ 定位接点应闭合（相当于吸起），DBJ 应吸起，FBJ 应落下，控制台道岔表示灯应显示绿灯，光带开通应为道岔定位方向；检查道岔置于反位时，2DQJ 反位接点应闭合（相当于落下），FBJ 应吸起，DBJ 应落下，控制台道岔表示灯应显示黄灯，光带开通应为道岔反位方向。试验时应同时核对复示继电器的位置正确。

10. 断表示器的表示接点

电动道岔设有表示器或密贴检查器时，分别在定、反位位置断开有关表示接点，检查道岔对应的表示继电器应落下。

11. 道岔锁闭（单独）

道岔在某一位置时，单独锁闭该道岔后，办理经该道岔另一位置的进路，道岔应不能转换。单独操纵该道岔至另一位置，道岔应不能转换。

12. 道岔锁闭（区段）

将某道岔区段人工分路（双动道岔分别分路两个区段），单独操纵该区段

内所有道岔均应不能转换。

13. 道岔锁闭(进路)

办理一条进路并锁闭后(双动道岔应分别办理),单独操纵该进路上所有道岔均应不能转换。

14. 道岔锁闭(引导总锁闭)

按下某一咽喉的引导总锁闭按钮,单独操纵该咽喉的所有道岔(包括中岔)应不能转换。

15. 道岔自闭电路试验

单独操纵道岔,在转换过程中断开 1DQJ 道岔励磁电路,道岔能正常转换到位,则道岔自闭电路正常。

16. 道岔间互锁

在某些特殊站场中,经某组道岔办理了进路,并处于进路锁闭时,对另一组不在该进路上的道岔实施锁闭,反之也相同,如交叉渡线等。

17. 挤岔断表示报警

道岔表示电路断开,定、反表示继电器落下,延时后挤岔铃鸣响。

18. 末端二极管核对

核对道岔二极管安装位置,应以设计提供的设计图纸为准。

19. 多机牵引总表示及双断检查

多机牵引道岔应校核每个牵引点的表示与道岔总表示一致。试验时,依次断开每个牵引点的表示(可拔表示熔丝或拉断断路器),总表示继电器均应可靠落下,控制台道岔表示灯均应灭灯。

双断试验:试验时,用万用表负表棒接侧面 KF 电源,正表棒接总表示继电器线圈 1,依次断开各分表示断路器,断开时应无电压,总表示继电器应落下,合上时应有 24 V 电压,总表示继电器应吸起;用万用表正表棒接侧面 KZ 电源,负表棒接总表示继电器线圈 4,依次断开各分表示断路器,断开时应无电压,总表示继电器应落下,合上时应有 24 V 电压,总表示继电器应吸起。

20. 断表示保险试验

断开试验道岔表示保险,该道岔表示继电器应落下,控制台该道岔表示灯应灭灯。

21. 动作限时保护试验

人工使道岔被阻无法转换到位,道岔应按设计限时时间停止转换。

22. 道岔区段前接点接入启动电路

(1)道岔未操纵时,1DQJ 励磁电路中 DGJ 接点两端均无电时,用万用表电阻挡根据设计图纸测试道岔区段前接点应接入启动电路。

(2)道岔未操纵时,1DQJ 励磁电路中 DGJ 接点一端有电时,用万用表电压挡根据设计图纸测试道岔区段前接点应接入启动电路。

(3)除试验道岔区段外,其他区段红光带,操纵试验道岔能正常转换。

四、联锁试验标准用语

在联锁试验中,应采用联锁试验标准用语,防止试验中产生歧义,电动道岔联锁试验标准用语见表 3-3。

表 3-3　电动道岔联锁试验标准用语

<table>
<tr><th colspan="2">核对项目</th><th>主持试验人员用语</th><th>配合试验人员用语</th><th>试验要求</th></tr>
<tr><td rowspan="5">核对道岔位置</td><td>单开道岔</td><td>“核对××道岔位置”,主持人复诵“××道岔开通左侧(右侧)线路,开通××股道(或道岔、线路、信号机),位置正确”</td><td>“××道岔开通左侧(右侧)线路、开通××股道(或道岔、线路、信号机)”</td><td>室外人员站在道岔尖轨前方,面对尖轨核对,多动道岔同一个位置要同时核对</td></tr>
<tr><td rowspan="3">复交道岔</td><td>“核对××复交道岔开通方向”</td><td>“××复交道岔由××设备开通××股道(或其他设备)”</td><td rowspan="3">进行复交道岔位置核对时,通过排列进路,核对 4 种开通方向,并核对杆件伸出拉入状态</td></tr>
<tr><td>主持人复诵“××复交道岔由××设备开通××股道(或其他设备),核对动作杆状态”</td><td>“××号道岔杆件伸出(或拉入),××道岔杆件拉入(或伸出),××号道岔杆件伸出(或拉入),××道岔杆件拉入(或伸出)”</td></tr>
<tr><td>主持人复诵“××号道岔杆件伸出(或拉入),××道岔杆件拉入(或伸出),××号道岔杆件伸出(或拉入),××道岔杆件拉入(或伸出),位置正确”</td><td></td></tr>
<tr><td>脱轨器</td><td>“核对××脱轨器状态”,主持人复诵“××脱轨器脱轨装置在钢轨上为脱轨状态(脱轨装置在线路下为开通状态)”</td><td>“××脱轨器脱轨装置在钢轨上为脱轨状态(脱轨装置在线路下为开通状态)”</td><td>控制台上脱轨器三角符号远离线路时为开通状态</td></tr>
</table>

续上表

核对项目		主持试验人员用语	配合试验人员用语	试验要求
断道岔表示接点	电动转辙机	“断××道岔表示第××次”	“断××道岔××接点表示已断”	断表示时，需向主持人报当前所断的接点组名称
		“××道岔断表示恢复，断下一组”	“××道岔表示已恢复”	
	断移位接触器	“××道岔第 N 牵引点断定位(或反位)移位接触器”听到已断开移位接触器回答后操纵道岔	“××道岔第 N 牵引点定位(或反位)移位接触器已断开”道岔转换到底时，汇报“××道岔已转换到位”	
		“××道岔转换到位，室内无表示，第 N 牵引点移位接触器恢复”	“××道岔第 N 牵引点定位(或反位)移位接触器已恢复”，然后继续核对位置、断表示试验	
断遮断器		“××道岔第 N 牵引点断遮断器试验”	“××道岔第 N 牵引点遮断器已断开”	
		听到室外已断开遮断器的复述后，“××道岔从现在开始起，看道岔转换情况”，然后进行道岔操纵。	室外如实汇报各牵引点转换情况，“××道岔第 N 牵引点未转换，其他牵引点……”	
2DQJ、D(F)BJ 及道岔表示一致		核对××道岔 2DQJ 和 D(F)BJ 状态	“××道岔 2DQJ 吸起和 DBJ 吸起、FBJ 落下”或“××道岔 2DQJ 落下和 FBJ 吸起、DBJ 落下”	核对 2DQJ 和 D(F)BJ 及道岔表示和控制台表示一致

第二节 分动外锁闭道岔联锁试验

一、试验适用范围

1. 更换转辙机，应试验以下项目：

(1)核对位置；

(2)断表示接点；

(3)密贴检查器断表示接点(定反位各断一组接点)；

(4)4 mm 试验；

(5)5 mm、6 mm、10 mm 试验；

(6)试验道岔被阻后转换;

(7)断遮断器;

(8)2DQJ、D(F)BJ 及道岔表示一致;

(9)关联道岔每个牵引点核对位置、每个位置断一组表示接点;

(10)副机不到位主机不停转。

2. 更换道岔(密检器)电缆、更换蛇管配线、道岔箱盒,应试验以下项目:

(1)核对位置;

(2)断接点(定反位各断一组接点);

(3)密贴检查器断表示接点;

(4)2DQJ、D(F)BJ 及道岔表示一致;

(5)关联道岔每个牵引点核对位置、每个位置断一组表示接点;

(6)副机不到位主机不停转。

3. 更换密贴检查器,应试验以下项目:

(1)核对位置;

(2)5 mm、6 mm、10 mm 试验;

(3)密贴检查器断表示接点;

(4)试验对应牵引点的电转机定反位表示接点(定反位各断一组接点)。

4. 更换转辙机内部配线、接点,应试验以下项目:

(1)核对位置;

(2)断表示接点;

(3)密贴检查器断表示接点(定反位各断一组接点);

(4)道岔被阻后转换试验;

(5)断遮断器;

(6)2DQJ、D(F)BJ 及道岔表示一致;

(7)关联道岔断一组接点;

(8)副机不到位主机不停转。

5. 更换密检器内部配线、接点,应试验以下项目:

(1)核对位置;

(2)密贴检查器断表示接点;

(3)2DQJ、D(F)BJ 及道岔表示一致;

(4)试验对应牵引点的转辙机定反位表示接点(定反位各断一组接点)。

6. 更换整流堆、电机,应试验以下项目:
(1)核对位置;
(2)断表示接点(定反位各断一组接点)。
7. 更换遮断器应试验以下项目:
断遮断器。
8. 更换提速道岔阻容元件应试验以下项目:
多机牵引总保护。
9. 更换道岔安装装置、杆件、外锁闭装置,应试验以下项目:
(1)4 mm 试验;
(2)5 mm、6 mm、10 mm 试验。
10. 更换密检器安装装置、杆件,应试验以下项目:
5 mm、6 mm、10 mm 试验。
11. 道岔大修(不涉及室内电路修改)应试验以下项目:
(1)核对位置;
(2)断表示接点;
(3)密贴检查器断表示接点;
(4)4 mm 试验;
(5)5 mm、6 mm、10 mm 试验;
(6)道岔被阻后转换试验;
(7)断遮断器;
(8)2DQJ、D(F)BJ 及道岔表示一致;
(9)副机不到位主机不停转。
12. 道岔大修(尖轨组合不变,可动心轨改固定心轨)应试验以下项目:
(1)核对位置;
(2)断表示接点;
(3)密贴检查器断表示接点;
(4)4 mm 试验;
(5)5 mm、6 mm、10 mm 试验;
(6)道岔被阻后转换试验;
(7)断遮断器;
(8)2DQJ、D(F)BJ 及道岔表示一致;

(9)副机不到位主机不停转；

(10)多机牵引总表示及双断检查。

二、试验注意事项

1. 严格按照信号联锁试验管理办法执行，严格执行联锁纪律，严禁简化联锁试验程序、联锁试验不彻底；

2. 试验人员携带车站平面图、设计说明等资料；

3. 需要做模拟条件时，必须按照铁路局集团公司联锁管理实施细则中模拟条件管理及联锁试验卡控措施规定执行；

4. 模拟条件拆除后，需要对加装模拟条件的设备进行全面试验。

三、联锁试验项目及方法

分动外锁闭道岔联锁试验样表见附件8。

1. 道岔号码

填写需要试验的道岔号码。

2. 核对位置

是指核对室外道岔实际开通位置与室内定、反位表示继电器及控制台光带开通位置、道岔表示灯显示位置相一致。对于可动心轨道岔应核对尖轨与心轨开通位置一致，多动道岔要确认各点位置相一致。

一般在试验前应预先确定每组道岔岔后直股或弯股开通对应的设备名称，分别与室内道岔定、反位位置相对应，并做好记录。试验时，应由室外核对人报出某组道岔实际开通对应设备的位置，室内联锁试验人根据室外报告的实际开通位置与室内道岔表示和光带表示等对照。特别需注意：道岔位置核对试验必须操纵一组试验一组，严禁先全部核对一个位置，然后全部操纵到另一个位置后再核对所有道岔的另一个位置。

3. 断表示接点

是指依次逐组断开室外转辙机自动开闭器的定、反位表示接点时，相应的定、反位表示继电器应可靠落下，控制台道岔定、反位表示灯应灭灯。同时检查挤岔声光报警应符合要求。

4. 断相保护

当三相电源缺一相时，为保护三相电机应自动切断动作电路，应对每个牵引点的每一相电源分别进行断相保护试验。试验时，逐个断开各牵引点的每一相电源（可拔掉该相的动作熔丝或拉断断路器），操纵道岔时转辙机应不能动作。

5. 4 mm 试验

在规定位置用 4 mm 标准检查铁片进行密贴检查试验，应符合规定要求。

6. 5 mm、6 mm、10 mm 试验

在规定位置用 5 mm、6 mm 和 10 mm 标准检查铁片进行密贴检查试验，应符合规定要求。

7. 2DQJ(F)、DBJ 及道岔表示一致

试验每组道岔，检查道岔置于定位时，2DQJ 定位接点应闭合（相当于吸起），DBJ 应吸起，FBJ 应落下，控制台道岔表示灯应显示绿灯，光带开通应为道岔定位方向；检查道岔置于反位时，2DQJ 反位接点应闭合（相当于落下），FBJ 应吸起，DBJ 应落下，控制台道岔表示灯应显示黄灯，光带开通应为道岔反位方向。试验时应同时核对复示继电器的位置正确。

8. 道岔锁闭（单独）

道岔在某一位置时，单独锁闭该道岔后办理经该道岔另一位置的进路，道岔应不能转换。单独操纵该道岔至另一位置，道岔应不能转换。

9. 道岔锁闭（区段）

将某道岔区段人工分路（双动道岔分别分路两个区段），单独操纵该区段内所有道岔均应不能转换。

10. 道岔锁闭（进路）

办理一条进路并锁闭后（双动道岔应分别办理），单独操纵该进路上所有道岔均应不能转换。

11. 道岔锁闭（引导总锁闭）

按下某一咽喉的引导总锁闭按钮，单独操纵该咽喉的所有道岔（包括中岔）应不能转换。

12. 断遮断器

遮断器即为安全接点。断开遮断器后操纵道岔，转辙机应不能动作。

13. 多机牵引总保护

多机牵引道岔，某个牵引点的转辙机因故不能正常转换时，应切断其他牵引点的转辙机动作电路。在正常转换过程中，某牵引点因故停止工作时，应保证其他牵引点转辙机继续工作（ZYJ7 型电液转辙机牵引道岔主机到位、副机

未到位时,电机不能停转,需 30 s 后停转。对多机牵引道岔,逐个副机牵引点分别进行试验)。试验时,对应每个牵引点,将道岔动作电路断开,操纵该组道岔,所有牵引点的转辙机均不应转换;在道岔正常转换过程中,断开某个牵引点的动作电路,其他牵引点的转辙机在规定时间内应正常动作(设有尖轨、心轨故障按钮的道岔,按设计说明进行试验)。

14. 多机牵引总表示及双断检查

多机牵引道岔应校核每个牵引点的表示与道岔总表示一致。试验时,依次断开每个牵引点的表示(可拔表示熔丝或拉断断路器),总表示继电器均应可靠落下,控制台道岔表示灯均应灭灯。

双断试验:试验时,用万用表负表棒接侧面 KF 电源,正表棒接总表示继电器线圈 1,依次断开各分表示断路器,断开时应无电压,总表示继电器应落下,合上时应有 24 V 电压,总表示继电器应吸起;用万用表正表棒接侧面 KZ 电源,负表棒接总表示继电器线圈 4,依次断开各分表示断路器,断开时应无电压,总表示继电器应落下,合上时应有 24 V 电压,总表示继电器应吸起。

15. 道岔自闭电路试验

单独操纵道岔,在转换过程中断开道岔 1DQJ 励磁电路,道岔能正常转换到位,则道岔自闭电路正常。

16. 道岔间互锁

在某些特殊站场中,经某组道岔办理了进路,并处于进路锁闭时,对另一组不在该进路上的道岔实施锁闭,反之也相同,如交叉渡线等。

17. 挤岔断表示报警

道岔表示电路断开,定、反表示继电器落下,延时后挤岔铃鸣响。

18. 13 s、30 s 切断

人工使道岔被阻无法转换到位,道岔应按设计限时时间停止转换。

19. 密贴检查器断表示接点

是指依次逐组断开密贴轨、斥离轨密贴检查器的定、反位表示接点时,相应的定、反位表示继电器应可靠落下,控制台道岔定、反位表示灯应灭灯。同时检查挤岔声光报警应符合要求。

20. 断表示保险试验

试验时,断开道岔表示保险,道岔表示继电器落下,控制台道岔表示灯灭灯。

21. 下拉装置试验

（1）断相保护：当三相电源缺一相时，为保护三相电机应自动切断动作电路，应对每个牵引点的每一相电源分别进行断相保护试验。试验时，逐个断开各牵引点的每一相电源（可拔掉该相的动作熔丝或拉断断路器），操纵道岔时下拉装置电机应不能动作。

（2）30 s 切断：下拉装置在转换过程中，人为阻止下拉装置转换到底，该下拉装置 30 s 后应自动停转。

（3）DBQ 电压：下拉装置转换过程中，在断相保护器 1 号和 2 号端子（BHJ1、4 线圈）上测试直流电压应符合标准。

（4）断遮断器：断开下拉装置遮断器后操纵道岔，下拉装置应不能动作。

（5）下拉装置与转辙机牵引总保护：带下拉装置的道岔，人工使道岔尖轨和心轨 ZBHJ 落下，应切断下拉装置的动作电路。

22. 道岔区段前接点接入启动电路

（1）道岔未操纵时，1DQJ 励磁电路中 DGJ 接点两端均无电时，用万用表电阻挡根据设计图纸测试道岔区段前接点应接入启动电路。

（2）道岔未操纵时，1DQJ 励磁电路中 DGJ 接点一端有电时，用万用表电压挡根据设计图纸测试道岔区段前接点应接入启动电路。

（3）除试验道岔区段外，其他区段红光带，操纵试验道岔能正常转换。

23. 道岔被阻后转换试验

在道岔转换过程中由于各种原因造成受阻不能转换到需要位置时，为防止电机长时间工作而烧坏，必须能将道岔操纵转换到原来位置。试验时人为在尖轨（或心轨）与基本轨（或翼轨）间夹入试验铁，使道岔不能转换到位，再往回操纵，道岔应能回转。

24. DKJ、DWJ、FWJ 试验

根据实际图纸确认五机及以上双动道岔动作先后顺序，试验时，在扳动过程中需要观察一动的 1DQJ 吸起→DKJ 吸起，1ZBHJ 吸起→DWJ 吸起→DKJ 落下，2ZBHJ 吸起→DWJ 落下，一动到位后，二动道岔开始动作，核对道岔动作顺序是否正确。

道岔转换过程中，回操道岔，FWJ 吸起→QDJ 落下→1DQJ 落下，道岔能正常回操。

25. 副机不到位主机不停转

试验时，向定位（反位）扳动道岔，30 s 内，在副机锁闭杆处试验 6 mm，副机锁闭杆未锁闭，则主机电机空转。

四、联锁试验标准用语

在联锁试验中，应采用联锁试验标准用语，防止试验中产生歧义，分动外锁闭道岔联锁试验标准用语见表3-4。

表3-4　分动外锁闭道岔联锁试验标准用语

核对项目		主持试验人员用语	配合试验人员用语	试验要求
核对道岔位置	单开道岔	“核对××道岔位置”，主持人复诵“××道岔开通左侧（右侧）线路，开通××股道（或道岔、线路、信号机），位置正确”	“××道岔开通左侧（右侧）线路、开通××股道（或道岔、线路、信号机）”	室外人员站在道岔尖轨前方，面对尖轨核对，尖轨和心轨、多动道岔同一个位置要同时核对
	复交道岔	“核对××复交道岔开通方向”	“××复交道岔由××设备开通××股道（或其他设备）”	进行复交道岔位置核对时，通过排列进路，核对4种开通方向，并核对杆件伸出拉入状态
		主持人复诵“××复交道岔由××设备开通××股道（或其他设备），核对动作杆状态”	“××号道岔杆件伸出（或拉入），××道岔杆件拉入（或伸出），××号道岔杆件伸出（或拉入），××道岔杆件拉入（或伸出）”	
		主持人复诵“××号道岔杆件伸出（或拉入），××道岔杆件拉入（或伸出），××号道岔杆件伸出（或拉入），××道岔杆件拉入（或伸出），位置正确”		
断道岔表示接点	转辙机	“断××道岔表示第××次”	“断××道岔××接点表示已断”	断表示时，需向主持人报当前所断的接点组名称
		“××道岔断表示恢复，断下一组”	“××道岔表示已恢复”	
	密检器	“断××道岔密贴轨（斥离轨）密检器表示第××次”	“断××道岔密贴轨（斥离轨）密检器××接点表示已断”	
		“××道岔密贴轨（斥离轨）密检器断表示恢复，断下一组”	“××道岔密贴轨（斥离轨）密检器表示已恢复”	

续上表

核对项目	主持试验人员用语	配合试验人员用语	试验要求
断遮断器试验	“××道岔第 N 牵引点断遮断器试验”	“××道岔第 N 牵引点遮断器已断开”	在试验遮断器时，注意观察遮断器是否错误串接至表示电路中，交流多机牵引应实现总保护
	听到室外已断开遮断器的复述后，“××道岔从现在开始起，看道岔转换情况”，然后进行道岔操纵	室外如实汇报各牵引点转换情况，“××道岔第 N 牵引点未转换，其他牵引点……”	
2DQJ 和 D(F)BJ 及道岔表示一致	核对××道岔 2DQJ 和 D(F)BJ 状态	“××道岔 2DQJ 吸起和 DBJ 吸起、FBJ 落下”或“××道岔 2DQJ 落下和 FBJ 吸起、DBJ 落下”	核对 2DQJ 和 D(F)BJ 及道岔表示和控制台表示一致

第三节　道岔功能联锁试验

一、试验适用范围

1. 更换联锁、控显软件，联锁、控显工控机时，应试验以下项目：

(1)总定；

(2)总反；

(3)单锁；

(4)单解；

(5)岔封；

(6)岔解；

(7)总锁；

(8)尖轨故障；

(9)心轨故障。

2. 新建、工程改造、大修时，应对所有项目进行试验。

二、试验注意事项

试验尖轨故障、心轨故障功能时，操作时应避免电机长时间空转。

三、联锁试验项目及方法(以 DS6-K5B 为例)

道岔功能联锁试验样表见附件 9。

1. 总定

点击总定按钮,再点击需向定位扳动的道岔号码,该道岔应能扳动到定位。

2. 总反

点击总反按钮,再点击需向反位扳动的道岔号码,该道岔应能扳动到反位。

3. 单锁

点击单锁按钮,再点击需单锁的道岔号码,该道岔标识加上红圈。试验时将该道岔单锁在某一位置,办理经该位置的进路能够排出;办理经另一位置的进路及单操至另一位置,道岔均应不能转换。

4. 单解

点击单解按钮,再点击需单解的道岔号码,该道岔标识上红圈消失,办理经该道岔任何位置的进路均能够排出及单操道岔至任何位置,道岔均应正常转换。

5. 岔封

点击道岔封锁按钮,再点击需封锁的道岔号码,该道岔名称加上红框,试验时,办理该道岔封锁后,单操该道岔应能转换,经该道岔任何位置的进路应不能办理。

6. 岔解

点击道岔解封按钮,再点击需解封的道岔号码,该道岔名称上红框消失,试验时,解封该道岔后,单操该道岔应能转换,经该道岔的进路应能办理。

7. 总锁

点击某一咽喉的引导总锁闭按钮,单独操纵该咽喉的所有道岔(包括中岔)应不能转换。

8. 尖轨故障

点击尖轨故障表示区域对应道岔名称处的三角按钮,试验时,断开尖轨任意一牵引点转辙机启动电路,单操道岔,其余牵引点转辙机应能扳动。

9. 心轨故障

点击心轨故障表示区域对应道岔名称处的圆形按钮,试验时,断开心轨任意一牵引点转辙机启动电路,单操道岔,其余牵引点转辙机应能扳动。

第四章　信号机联锁试验

信号机联锁试验主要包括信号机联锁试验、信号机功能联锁试验等。

第一节　信号机联锁试验

一、试验适用范围

1. 更换信号机箱盒、箱盒配线、机构配线任何一项时，应试验相关信号机以下项目：

(1)灯位及显示核对；

(2)主副丝(灯泡)转换；

(3)断丝表示；

(4)进路表示器核对。

2. 更换室外点灯变压器，应试验相关信号机灯位以下项目：

(1)灯位及显示核对；

(2)主副丝(灯泡)转换；

(3)断丝表示；

(4)进路表示器核对。

3. 更换信号机灯座、灯泡，应试验相关信号机灯位以下项目：

(1)灯位及显示核对；

(2)主副丝(灯泡)转换；

(3)断丝表示；

(4)进路表示器核对。

4. 更换信号机点灯断路器，应试验相关信号机以下项目：

(1)灯位及显示核对；

(2)断路器作用试验。

5. 更换站内信号机电缆,应试验相关信号机以下项目:

(1)灯位及显示核对;

(2)断丝表示(抽测一个灯位);

(3)进路表示器核对。

6. 更换区间信号机电缆,应试验相关信号机以下项目:

(1)灯位及显示核对;

(2)断丝表示(抽测一个灯位);

(3)区间后续连续3架及以上信号机的显示逻辑关系核对(室内)试验。

7. 更换DJ继电器,应试验相关信号机以下项目:

(1)灯位及显示核对;

(2)断丝表示(抽测一个灯位)。

8. 更换室内隔离变压器,应试验相关信号机以下项目:

(1)灯位及显示核对;

(2)同名端核对。

9. 新建、工程改造、大修时,应对所有项目进行试验。

二、试验注意事项

1. 新开通站试验人员携带车站平面图、核对信号机安装位置及灯位设置与平面图一致;

2. 信号机的显示含义应与实际进路一致;

3. 信号机机构内除规定的信号显示外,其他灯泡不得亮灯,在变换灯光时,其他灯泡不应闪光;

4. 核对调车信号机安装方向时,面对信号机(能看到显示一侧),与本咽喉进站信号机同方向设置的称为接车方向,与本咽喉出站信号机同方向设置的称为发车方向;

5. 信号机应点亮的灯泡断丝时,控制台有关信号复式器应有表示。当信号机设有主副丝转换设备时,主灯丝断丝后应有报警;

6. 试验时室外人员必须面对信号机试验,严禁打开机构门在背面试验。

三、联锁试验项目及方法

信号机联锁试验样表见附件10。

1. 安装位置及显示方向核对

试验人员面对信号机(能看到显示一侧),核对信号机安装在线路的左(右)侧位置、高柱、矮型、机构设置及显示方向,应与信号平面布置图一致。

2. 灯位及显示核对

①核对信号机灯位排列应符合规定,色玻璃的颜色应符合要求;

②核对信号显示应与实际进路要求相符;

③核对现场信号机显示的实际灯光与控制台信号复示器的显示含义相符。

3. 主副丝(灯泡)转换

装有灯丝转换装置的信号机,断开点灯状态的主丝(主灯泡),应能自动点亮副丝(副灯泡)。

4. 断丝表示

信号机禁止灯光灭灯时控制台对应的信号复示器应闪光。设有主灯丝断丝报警装置的信号机,点灯状态的主丝断开,控制台应给出声光报警。

5. 进路表示器核对

主体信号机开放后,核对表示器各灯位显示应符合《铁路技术管理规程(普速铁路部分)》《铁路技术管理规程(高速铁路部分)》的规定;主体信号机关闭后,进路表示器灯光应熄灭。

6. 灯光转移

灯光转移分本架灯光转移和信号机间灯光转移。进站或进路信号机开放绿、绿黄或黄闪黄灯光后,运行前方次一架信号机的允许灯光灭灯时应转点红灯,此时进站或进路信号机应转点黄灯或双黄灯;进站信号机允许灯光灭灯应转红灯,此时前一架通过(或预告)信号机转点黄灯;双黄、绿黄或双绿灯的二黄或二绿不能点亮时,对应的一黄或一绿灯应不能点亮;双黄、绿黄或双绿灯信号开放后,任意一个灯位灭灯时,对应的另一个灯位应立即灭灯。自动闭塞区段进站信号机红灯灭灯时,应使前一架通过信号机转点红灯;调车信号机开放后,白灯灭灯应转点禁止灯光。可拔掉室外各信号机灯泡或断开室内信号机熔丝(或拉断断路器)进行试验。

7. 红灯断丝(指红灯主副丝均断)不能开放信号

进站和有通过列车的正线出站或进路信号机,开放信号前,应检查红灯灯丝处于完好状态。试验时可拔掉室外信号机红灯灯泡后办理进路，有关信号应不能开放。

8. 侧线出站红灯断丝能开放信号

侧线出站信号机开放信号前，不检查红灯灯丝处于完好状态。试验时可拔掉室外信号机红灯灯泡后办理进路，有关信号应能开放。

9. 断路器作用试验

依次断开信号机室内“隔离变压器Ⅰ、Ⅱ次侧”断路器，断路器对应的灯位不能点亮。

10. 同名端核对

测量 DJ 的 53 端子和 2DJ 的 53 端子（JZXC-16/16 需测量 1 线圈），测量电压值不超过 100 V，可判断同名端正确；测量电压值大于 300 V，可判断同名端错误。

四、联锁试验用语

在联锁试验中，应采用联锁试验标准用语，防止试验中产生歧义，信号机联锁试验标准用语见表 4-1。

表 4-1　信号机联锁试验标准用语

核对项目		主持试验人员用语	配合试验人员用语	试验要求
灯位及显示核对	调车等单机构信号机	“××信号机核对信号显示”	“××信号机××灯位点××灯，是调接（或调发）、设于线路左侧（或右侧）”	1. 新设信号机要核对每个灯位的透镜玻璃的颜色。 2. 矮型信号机构分“左侧机构”“右侧机构”，高柱信号机从上向下分“第 1 机构”“第 2 机构”。 3. 灯位按从上到下依次编号
	进站、进路等多机构信号机	“××信号机核对信号显示”	“××信号机××机构××灯位点××灯”和“××灯位点××灯”	
	带反方向发车表示器出站	“××出站信号机核对信号显示”	“××信号机××灯位点××灯，××灯位点××灯，发车表示器亮白灯（灭灯）”	发车表示器应安装在机构偏右位置
	带三方向发车表示器出站	“××出站信号机核对信号显示”	“××信号机××灯位点××灯，××灯位点××灯，左（中、右）侧发车表示器亮白灯”	面向出站信号机，发车表示器按左、中、右区分左中右 ㊧㊥㊨

续上表

核对项目		主持试验人员用语	配合试验人员用语	试验要求
灯位及显示核对	带多方向发车表示器出站	“××出站信号机核对信号显示”	“××信号机××灯位点××灯，××灯位点××灯，发车表示器1、4亮白灯”	面向出站信号机，发车表示器上面3个从左向右按1、2、3编号，下面的编号为4进行区分 ①②③ ④
	信号复示器	“××复示信号机核对信号显示”	“××复示信号机亮水平一横（八字一撇）两个白灯”	进站信号机开放侧线信号时，复示信号机点亮下面两个白灯，室外回答为“水平一横”，进站信号开放正线信号时，复示点亮左边和上边白灯，室外回答为“八字一撇”
核对主副灯丝转换和灯丝报警		“××信号机主副丝转换试验”	“××信号机××灯位主副丝转换良好，点副丝”	室外试验人员在核对完灯光后，要对每种显示的每个灯位进行主副丝转换。试验完毕后需检查副灯泡固定良好或辅助线恢复良好

第二节　信号机功能联锁试验

一、试验适用范围

1. 更换联锁、控显软件，联锁、控显工控机时，应试验以下项目：

(1)点灯；

(2)灭灯；

(3)钮封；

(4)钮解；

(5)封闭信号机是否有效。

2. 新建、工程改造、大修时，应对所有项目进行试验。

二、试验注意事项

1. 检查变通按钮、虚拟信号机、通过按钮、调车终端按钮等封闭是否有效；

2. 具有点灯、灭灯功能按钮的，需进行点灯、灭灯试验。

三、联锁试验项目及方法(以 DS6-K5B 为例)

信号机功能联锁试验样表见附件 11。

1. 点灯

点击点灯按钮,再点击需点灯的列车信号机按钮,此时列车信号机由灭灯模式转为点灯模式。

2. 灭灯

点击灭灯按钮,在弹出的对话框中输入密码,然后确认,再点击需灭灯的列车信号机按钮,此时列车信号机由点灯模式转为灭灯模式。

3. 钮封

①调车:点击“按钮封锁”按钮,再点击需钮封的信号机,此时信号机标识加上红框;

②列车:点击“按钮封锁”按钮,再点击需钮封的信号机按钮,此时信号机按钮显示打叉。

4. 钮解

①调车:点击“按钮解封”按钮,再点击需解封的信号机,此时信号机标识上红框消失;

②列车:点击“按钮解封”按钮,再点击需解封的信号机按钮,此时信号机按钮上的叉消失。

5. 封闭信号机是否有效

试验时先将需试验的信号机钮封,然后按压此信号机按钮(调车为信号机),信号机按钮(调车为信号机)应不起作用。

第五章　轨道电路联锁试验

轨道电路联锁试验主要包括轨道电路联锁试验、高速铁路站内 ZPW-2000 系列轨道电路联锁试验等。

第一节　轨道电路联锁试验

一、试验适用范围

1. 新建、工程改造、大修时，应对所有项目进行试验。

2. 更换钢轨时，应试验以下项目：

残压测试。

3. 更换岔后绝缘节时，应试验以下项目：

绝缘节侵限检查。

4. 更换轨道箱盒（含配线）、电缆、轨道变压器、室内（外）隔离盒、电阻、室内调整变压器，应试验以下项目：

(1)区段核对；

(2)残压测试；

(3)极性交叉试验。

二、试验注意事项

1. 警冲标设置应考虑动车组开行情况，新建普速铁路警冲标绝缘节与警冲标距离一般不小于 5.0 m 设置；

2. 轨道电路区段核对时，应核对其他区段不出现红光带；

3. 不同制式相邻轨道电路不试验极性交叉；

4. 核对区段时同步核对轨道复示继电器状态。

三、联锁试验项目及方法

轨道电路联锁试验样表见附件12。

1. 区段核对

闭路式轨道电路采用分路轨面的方法，核对相应的轨道继电器应可靠落下，继电器残压不超标；开路式轨道电路短路轨面时，相应的轨道继电器应可靠吸起。区段被占用时，控制台对应的区段应显示红光带。

一送多受区段核对时，开路式轨道电路的每个分支点都要进行短路；闭路式轨道电路必须采用逐个断开室外每个受电端的方法进行，同时还必须核对每个分支受电端与室内继电器相对应，分支轨道继电器落下时总轨道继电器应可靠落下。此外，为防止相邻区段电缆配线交叉，对工程或更换电缆的施工，开通前还应进行轨道电路开路试验，可分别卸开送、受电端端子上的电缆线头，核对区段占用显示与断开电缆的区段应为同一区段（对轨道绝缘两侧均为受电端的轨道区段应作重点卡控）。开、短路试验时，应同时测量相邻轨道区段继电器电压是否变化。

2. 极性交叉

极性交叉是对轨道电路绝缘破损采取的防护措施，必须对每个区段的所有轨道绝缘处（包括双动道岔的渡线绝缘节）进行极性交叉测试。试验方法有短路法和电压法。

采取短路法时，可短路一侧绝缘，检查另一侧绝缘节上的电压应增大，说明该绝缘节是极性交叉的；若短路一侧绝缘，另一侧电压减小说明极性不交叉；若短路一侧绝缘而另一侧绝缘处电压无变化说明被短路侧的绝缘本身已处于短路状态或绝缘节两侧区段的轨道电路过轨电缆配线存在短路等异常情况，需要进行处理。

在电气化区段，由于扼流变压器的存在，当绝缘节单边短路时会引起轨道电路红光带，短路绝缘节的方法不宜采用。此时可采用电压法，即采用交叉电压测量法进行极性交叉的测试检查：如图5-1所示，分别测量 V_1 ~ V_6 电压，若 V_1、V_4 之和约等于 V_2、V_3 之和或 V_1、V_4 电压均大于 V_5、V_6 时，说明实现了极性交叉。也可采用专用的轨道电路极性交叉检查仪直接测量邻接区段是否交叉。

3. 分路残压

在每个轨道区段最不利的轨面处用标准分路电阻线（以下简称标准分路

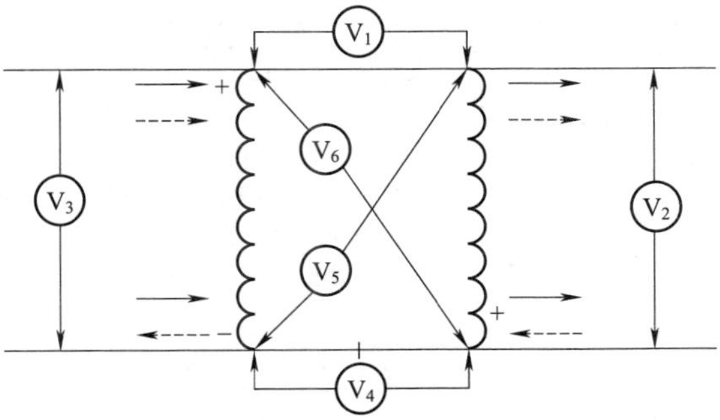

图 5-1　极性交叉测试图

线）分路轨面，受端继电器交流端电压应符合轨道电路传输特性要求，继电器应可靠落下。

测试时采用 24.5 kN 的定压测试仪测试，残压应符合《普速铁路信号维护规则　技术标准》《高速铁路信号维护规则　技术标准》的规定。

4. 绝缘节侵限检查

警冲标应设于道岔两分叉线路中心距离为 4 m 的中间点处。

非动车组走行径路警冲标内方的绝缘节与警冲标距离一般不小于 3.5 m，如小于 3.5 m 时应检查确认电路中是否作为侵入限界处理。

动车组走行径路设置在警冲标内方的绝缘节与警冲标距离一般不小于 5.0 m，如小于 5.0 m 时应检查确认电路中是否作为侵入限界处理。

四、联锁试验标准用语

在联锁试验中，应采用联锁试验标准用语，防止试验中产生歧义，轨道电路联锁试验标准用语见表 5-1。

表 5-1　轨道电路联锁试验标准用语

核对项目	主持联锁试验人员用语	配合试验人员用语	试验要求
轨道电路区段核对、残压测试	“××区段分路试验，室内测试残压”	室外：“××区段已分路”。 室内测试人：“××区段残压××V”	1. 相邻同制式轨道电路区段处均需测试验试极性交叉。 2. 不同轨道电路残压标准不同，参考《高速铁路信号维护规则　技术标准》《普速铁路信号维护规则　技术标准》
	“××区段光带正确、残压正常，分路恢复”	“××区段已恢复”	

续上表

核对项目	主持联锁试验人员用语	配合试验人员用语	试验要求
极性交叉	测试××轨道区段与××轨道区段的绝缘节处极性交叉	室外测试绝缘处极性交叉正确后,答:测试××轨道区段与××轨道区段的绝缘节处极性交叉正确	1. 相邻同制式轨道电路区段处均需测试验试极性交叉。 2. 不同轨道电路残压标准不同,参考《高速铁路信号维护规则　技术标准》《普速铁路信号维护规则　技术标准》
一送多受区段核对	"断开××区段的DG×电缆,室内核对继电器状态"	室外:"××区段的DG×受端电缆已断开" 室内:"××区段的DG×继电器落下、DG×吸起"	一送多受区段要核对每个受电分支,室外受电端的电缆甩一个线头,相应分支受电区段室内继电器落下
	"××区段的DG×恢复"	室外:"××区段的DG×受端电缆已恢复" 室内:"××区段的DG×继电器吸起、DG×吸起"	

第二节　高速铁路站内 ZPW-2000 系列轨道电路联锁试验

一、试验适用范围

1. 新建、工程改造、大修时,应对所有项目进行试验。

2. 更换钢轨,应试验以下项目:

残压测试。

3. 更换岔后绝缘节,应试验以下项目:

绝缘节侵限检查。

4. 更换轨道箱盒(含配线)、调谐匹配单元,应试验以下项目:

(1)区段核对(正反向);

(2)残压测试。

5. 更换电缆,应试验以下项目:

(1)区段核对(正反向);

(2)残压测试;

(3)送受电端设置位置核对。

6. 更换衰耗冗余控制器、接收器，应试验以下项目：

接收器主并机倒换。

二、试验注意事项

1. 分支并联线、岔心钢轨接续线按要求设置良好；
2. 相邻轨道电路区段载频应错开设置。

三、联锁试验项目及方法

高速铁路站内 ZPW-2000 系列轨道电路联锁试验样表见附件 13。

1. 区段名称

根据需要填写待试验轨道区段名称。

2. 区段核对

采用标准分路线分路轨面的方法，确认控制台分路区段出现红光带，核对相应的轨道继电器应可靠落下、室内衰耗盒“轨道”表示灯亮红灯。同步核对列控维护机相应区段状态。

3. 发送器故障报警

进行发送器 +1 切换，试验时核对报警正常。

4. 发送电平级核对

根据区段长度按调整表要求，核对发送器主机和备机功出电平与调整表一致。

5. 接收器故障报警

分别对主、并接收器断开试验，核对报警正常。

6. 接收电平级核对

逐区段测试核对接收电平与调整表一致。

7. 接收器主并机倒换

顺序将接收器主、并机拔下，分别试验并、主机工作正常。

8. 残压测试

使用标准分路线分路轨道轨面时，测试轨出残压不得大于《高速铁路信号维护规则　技术标准》中的要求，轨道继电器应可靠落下。

9. 送受电端设置位置核对

根据运行方向，发送端一般设在运行方向的前方，一般是先校核电缆配线正确,然后通过断开室外送端电缆,轨面无移频信息,断开室外受端电缆,轨面有移频信息的方法来判断送、受电端设置正确性。

10. 绝缘节侵限检查

警冲标应设于道岔两分叉线路中心距离为4 m的中间点处。

动车组走行径路设置在警冲标内方的绝缘节与警冲标距离一般不小于5.0 m,如小于5.0 m时应检查确认电路中是否作为侵入限界处理。非动车组走行径路警冲标内方的绝缘节与警冲标距离一般不小于3.5 m,如小于3.5 m时应检查确认电路中是否作为侵入限界处理。

第六章 站内电码化联锁试验

站内电码化试验包括高速铁路站内ZPW-2000系列联锁试验、站内移频电码化联锁试验、ZPW-2000系列站内轨道电路升/降级码序联锁试验等。

第一节 高速铁路站内ZPW-2000系列联锁试验

一、试验适用范围

新建、工程改造、大修时,应对所有项目进行试验。

二、试验注意事项

1. 作业后检查各机柜上各种指示灯显示正常,控制台无异常报警信息;
2. 列控主并机关机后,载频由备发送器配线确定,核对时需注意载频设置正确。

三、联锁试验项目及方法

高速铁路站内ZPW-2000系列联锁试验样表见附件14。

1. 载频配置

按列车运行进路,填写站内一体化轨道电路载频频率值。

2. 载频核对

逐区段测试发送器功出载频频率应与设定的载频频率相符,核对测试频率与设计文件相符。

3. 区段名称

查看站内信号平面布置图,按列车运行进路,依次填写轨道电路区段名称,分割轨道电路应分别填写。

4. 前方信号显示或低频码

发送器的低频频率应与运行方向前方信号机的显示含义相符。试验时，可在室内分线盘发送端子测试低频频率，并与现场的地面信号显示进行人工核对。

5. 占用后方区段发送检测码

模拟列车运行，顺序占用进路内各区段，占用后方区段应发送 27.9 Hz 占用检测码。

6. 所有弯出进路码序一致性核对

试验接车进路时，需核对该接车进路对应所有发车进路信号显示与发码一致。

7. 进路未排列

未排列进路时，各区段主备发送器应发 27.9 Hz 占用检测码（股道发 26.8 Hz）。

8. 信号故障关闭

已开放的信号因故障关闭后，进路内各区段主备发送器应发 27.9 Hz 占用检测码（股道发 26.8 Hz）。

9. 列控主并机关机

列控主并机同时关机时，主发送器不工作，备发送器应发 27.9 Hz 占用检测码。

10. 异物侵限出红发红码

具有异物侵限防护功能的区段，当异物侵限发生时，该区段应向轨面发送 29.0 Hz 紧急停车红码，同时出现红光带。

11. FQJ 位置核对

（1）办理进路，信号开放后：检查各区段方向切换继电器状态和进路方向一致。

（2）取消进路：该进路上所有区段方向切换继电器状态不变。

（3）列车占用：办理进路，信号开放后，模拟列车顺序占用和出清，检查进路上各区段（包括占用和已出清区段）方向切换继电器状态正确。

（4）列车占用由两个区段组成的股道时，先占用的区段改变方向：办理接车、发车或通过进路时，当列车沿着接车或发车方向占用至股道第一区段 G1（G2）时，方向切换继电器状态不变；当列车占用至股道第二区段 G2（G1）时，

G1(G2)方向切换继电器转极到另一状态,G2(G1)方向切换继电器状态不变。

(5)引导检查FQJ状态:开放引导信号时,接、发车进路上各区段FQJ的状态与进路方向一致。

(6)列控中心重启时FQJ状态:当列控中心系统重启后,方向切换继电器FQJ应处于默认状态(落下)。

12. 主、备机转换及一致性试验

进行载频、低频测试核对时,均需同步测试备机,应与主机一致,与设计图纸相符。

13. 维护终端核对

根据列车占用区间轨道区段及车站进路状态,检查车站联锁显示界面与列控中心维护终端显示界面应一致,包括进路锁闭情况、经过的道岔号码及位置、区段占用及空闲状态、各种信号显示等;维护终端码序名称与实测一致。

第二节　站内移频电码化联锁试验

一、试验适用范围

1. 新建、工程改造、大修时,应对所有项目进行试验。
2. 更换电码化区段轨道电路电缆,相关区段应试验以下项目:

各区段发码方向核对。

3. 更换发送盒,应试验以下项目:

(1)发送 $N+1$ 转换;

(2)发送故障报警。

二、试验注意事项

1. 更换电码化区段室内(外)设备、电缆等设备器材时,应同步进行出、入口端电流测试,数据符合标准;

2. 同一股道两端发送盒设置为同载频的,发码方向核对试验时应关闭一端发送盒。

三、联锁试验项目及方法

站内移频电码化联锁试验样表见附件15。

1. 移频频率

逐个测试发送器功出载频频率应与设定的载频频率相符,核对测试频率与设计文件相符。

2. 低频频率

逐个测试发送器功出低频频率(检测盒上的测试孔)应与设计文件相符。试验时,可排列进路后通过分路对应轨道区段改变前方信号机的显示来测试发送器各种低频频率,频率测试要涵盖该信号机所有显示及进路,同时要仔细核对进站和出站信号机在点绿灯时,对应 L 码 ~ L5 码五种低频与运行前方闭塞分区空闲的个数应正确。在股道和发车进路末端轨道区段设有转频码的车站,一般情况下,侧向接车时列车占用股道后发送 2 s 的载频转换码,而发车进路末端轨道区段的载频切换码,在列车侧向发车占用该区段开始,到列车占用区间一离去区段才切断。试验时对各发送器对应的载频转换码发送地点、发送时机及持续时间进行确认。

3. 预叠加发码

当列车占用某个区段,除应向本区段发码外,还应向下一区段发送移频信号,即预先叠加发码。试验时,可在开放信号后人工模拟列车运行,在轨面、分线盘端子测试占用区段和下一区段应同时有移频信号。

4. 发码顺序核对

指接车或发车进路上,按列车运行方向,依次向各个区段逐段发送移频信息。试验时,可人工模拟列车运行,在分线盘端子上测量移频发送信息应依次送出,并注意发码所在的轨道区段送、受电端,应迎着列车运行方向发送。

5. 各区段发码方向核对

根据运行方向,发送端一般设在运行方向的前方,一般是先校核电缆配线正确,然后通过断开室外送端电缆,轨面无移频信息,断开室外受端电缆,轨面有移频信息的方法来判断送、受电端设置正确性。

6. 闭环检测码

指进路未建立且区段未占用时,发送器均发送检测码,用以检查发送通道的完整性。试验时,在检测盘测试各区段的低频应为 27.9 Hz。

(1)区段占用不报警:区段占用时轨道继电器落下,闭环不应报警。试验时,可分路轨道电路,BJJ 应保持吸起,闭环应不报警。

(2)闭环电码化电路异常时报警:在电码化轨道电路区段工作正常情况

下，闭环电码化电路出现异常情况时，应给出报警提示。试验时，可人为关闭发送器或断开发码通道，检查应有报警提示。

7. 直进直出转频码检查

排列直进、直出进路，模拟列车出清部分区段后，操纵已解锁区段的道岔至另外位置，接车进路（股道）或发车进路区段不应发转频码。

8. 双机（$N+1$）转换及一致性试验

对每台发送器依次切换到 +1 发送器工作，所有的载频、低频、频率选型、工作电平应与主发送器相一致，切换电路工作应正常，并在切换时给出故障报警。

9. 发送故障报警

试验时进行发送器 +1 切换，核对控制台报警正常。

10. 切码时机及发码恢复

接车时，列车压入股道时，对应的发送器应恢复发检测码；发车时，列车压入 1LQG 或另一段发车进路时，对应的发送器应恢复发检测码。

11. 中岔调车信号开放是否切码

检查有到发线中间出岔的股道，中岔调车信号开放时，应不切换发码方向。

12. 继电编码发车口与列控控制 1LQ 码序一致性核对（区间红灯转移时）

当区间信号机及轨道电路由列控中心控制，相邻站发车进路为继电编码时，试验列控中心管辖区段红灯转移，测试继电编码车站发车进路码序与列控中心控制的 1LQG 码序应一致。

第三节　ZPW-2000 系列站内轨道电路升/降级码序联锁试验

一、试验适用范围

1. 新建、工程改造、大修时，应对所有项目进行试验。
2. 列控软件变更，试验建议中要求仿真试验时，应对所有项目进行试验。

二、试验注意事项

1. 需确认列控软件是否按新规范要求编制，如既有列控中心是否已修改为按 4 s 进行低频码序升级处理。

2. 应核对列控维护机、轨道电路发送盒一致。

三、联锁试验项目及方法

ZPW-2000 系列站内轨道电路升/降级码序联锁试验样表见附件 16。

1. 低频码及相应升级码序

对列车进路，列车压入进站或出站信号机内方第一区段后，如信息变化为升级码序时，TCC 应在列车占用并发送原低频码 4 s 后再改变咽喉区的低频码。

轨道电路码序升级关系应遵循如下顺序：

HU→HB→UU→UUS→U→U2→U2S→LU→L→L2→L3→L4→L5。

试验时，进站或出站信号机开放后，模拟列车正常压入进路内方第一区段后，此时再模拟前车顺序远离，检查进路内咽喉区各区段发码低频 4 s 后方可按正常追踪码序升级。

2. 低频码及相应降级码序

列车压入进站或出站信号机内方第一区段后，如信息变化为降级码序时，检查测试进路内咽喉区各区段立刻按追踪码序降级。

试验时，进站或出站信号机开放后，模拟列车正常压入进路内方第一区段后，此时模拟前方码序降级，检查进路内各区段发码低频，应按追踪码序立即降级。

第七章　闭塞联锁试验

闭塞试验主要包括自动站间闭塞电路联锁试验、半自动闭塞电路联锁试验、高铁 ZPW-2000 系列移频自动闭塞联锁试验、移频自动闭塞联锁试验、改变运行方向联锁试验、列控改变运行方向联锁试验等。

第一节　自动站间闭塞电路联锁试验

一、试验适用范围

1. 更换半自动光电缆，应试验以下项目：

(1) 正常办理：

①办理发车；

②同意发车。

(2) 光电转换机主备机倒换试验。

2. 更换计轴光电缆，应试验以下项目：

(1) 办理复零后，试验计轴器计入与计出的轴数相同，同步核对控制台相关显示；

(2) 出站信号正常开放。

3. 更换计轴设备，应试验以下项目：

办理复零后，试验计轴器计入与计出的轴数相同，同步核对控制台相关显示。

4. 新建、工程改造、大修时，应对所有项目进行试验。

二、试验注意事项

1. 当发车站办理发车进路时，站间自动构成闭塞状态；

2. 出站信号开放，应连续检查闭塞状态正确及区间空闲；

3. 两站不能同时向同一区间开放出站信号；

4. 列车进入发车进路后，出站信号应自动关闭，在闭塞解除前，两站向该区间的出站信号均不能再次开放；

5. 列车到达接车站或返回发车站，经检查区间空闲后，自动闭塞解除；

6. 区间闭塞后，发车进路解锁前，不能解除闭塞，取消发车进路，发车进路解锁后，闭塞随之自动解除；

7. 试验时要明确各种指示灯显示含义，确保联锁关系正确。

三、联锁试验项目及方法

自动站间闭塞电路联锁试验样表见附件17。

自动站间闭塞的联锁试验以计轴方式为例进行说明，其他方式的自动站间闭塞参照设计说明进行。

1. 自动站间闭塞首次办理

两站值班员确认区间空闲，同时（先后时差应在13 s内）按下计轴复零按钮，此时车站控制台上计轴复原按钮表示灯JFLD亮白灯，区间表示灯亮红灯。两站间按半自动闭塞方式发第一趟车后，区间占用表示灯灭灯，区间空闲表示灯点亮，两站分别拉出闭塞切换按钮（计轴设备在正常使用过程中，闭塞切换按钮应在加铅封状态），进入站间闭塞方式，此时车站控制台上人工闭塞“U”灯灭，自动站间闭塞“L”灯亮，区间按自动站间闭塞方式行车。

2. 自动站间闭塞正常办理

（1）发车站办理发车：发车站办理发车进路，发车站表示灯亮黄灯，此时接车站接车表示灯亮黄灯。

（2）同意发车：接车站自动同意接车，接车表示灯改亮绿灯，自动完成同意接车手续；发车站发车表示灯改亮绿灯，出站信号开放，自动完成请求闭塞办理。

（3）列车出发：发车站列车出发压入道岔区段，出站信号关闭，压入半自动轨道区段，发车表示灯改亮红灯，区间闭塞；同时接车站接车表示灯改亮红灯，区间闭塞。

（4）列车在区间运行：发车站列车驶入区间，电铃短时鸣响，区间占用灯亮红灯，出清区间空闲灯亮白灯；列车驶入区间，接车站电铃短时鸣响，区间占用灯亮红灯，出清区间空闲灯亮白灯，列车驶入接近轨道区段，接近通知电铃短时鸣响。

(5)列车到达接车站:列车凭开放的进站信号,进入接车站进站信号机内方,进站信号机关闭,接车、发车表示灯亮红灯。列车尾部驶入进站信号机内方,区间空闲灯亮白灯,接车、发车表示灯红灯熄灭,闭塞自动复原,同时发车站区间空闲灯亮白灯,发车表示灯红灯熄灭,闭塞自动复原。

3. 自动站间闭塞取消复原

发车站出站信号开放后,列车未发车前,发车站若需要取消闭塞,办理取消发车进路,待发车进路解锁后,站间闭塞随之自动复原。

4. 由自动站间闭塞转为半自动闭塞

相邻两站共同确认,未办理闭塞,未排列发车进路,两站同时破封按下闭塞切换按钮,此时两站人工闭塞表示灯亮黄灯,由自动站间闭塞转为半自动闭塞,按半自动闭塞试验方法进行试验。

5. 故障复原

(1)车站出站信号开放后一度停电恢复:发车站发车表示灯亮红灯,出站信号自动关闭,发车站办理取消发车进路,接车站在听到电铃短时鸣响后按压事故按钮复原,发车站待闭塞电铃鸣响后,两站闭塞复原。

(2)区间空闲,一站或两站同时一度停电恢复:发车表示灯亮红灯,经确认区间空闲,未排列发车进路,由接车站破铅封按压事故按钮 SGA,两站闭塞复原。

(3)停电后恢复供电时,甲乙两站在人工复原前不能办理发车进路:一站或两站同时一度停电恢复时,在人工复原前,甲站和乙站均不能办理发车进路。

(4)区间计轴设备故障后修复,需由半自动闭塞恢复为自动站间闭塞运行:计轴设备修复后,区间正常通过一列车后,区间轨道继电器吸起。此时,两站对应区间占用灯灭,区间空闲灯点亮,轴数显示器显示“0000”,两站值班员同时拔出闭塞切换按钮,控制台上站间闭塞灯亮绿灯、人工闭塞灯黄灯灭灯,恢复自动站间闭塞行车。

6. 区间计轴设备故障转为半自动闭塞

电铃短时鸣响,确认区间空闲后,双方破铅封按下计轴复零按钮(时差应在 13 s)使计轴设备复零。再由两站值班员同时破铅封按压闭塞切换按钮,此时自动闭塞表示灯灭灯,由任意站按电话闭塞法使用路票开行一趟列车。发车站必须开放调车信号机，列车出发后进路自动解锁，列车完全到达接车站后，由接车站按压复原按钮 FUA，人工闭塞表示灯亮黄灯，闭塞复原；发车站闭塞电铃鸣响后，人工闭塞表示灯亮黄灯，此时两站闭塞复原，区间按半自动闭塞运行。

7. 计轴区间占用，接车、发车站均不能办理闭塞开放信号

区间占用表示灯亮红灯时，接车、发车站均不能办理闭塞、出站信号不能开放。

8. 发车站开放出站信号，接车站不能向同一区间开放出站信号

当发车站办理了发车进路且出站信号开放后，接车站再排列发车进路，出站信号应不能开放。

9. 接、发车站正常办理及各种表示显示正确

车站正常办理发车或接车，控制台各种表示灯显示应正确。

10. 未办妥闭塞，办理发车进路时，发车进路能锁闭但信号不能开放

发车站排列发车进路后，发车站未收到同意发车信号时，发车进路能锁闭但出站信号不能开放。

11. 发车站闭塞区段轨道电路故障，闭塞不能办理

当闭塞区段轨道电路故障时，闭塞应不能办理。

12. 发车信号开放后，发车站轨道电路故障，发车信号立即关闭，接车站接车表示灯和发车站发车表示灯亮红灯，故障恢复时，闭塞应不能自动复原，须由发车站经人工办理事故复原

发车站开放出站信号，人工短路发车进路最末端轨道电路，发车信号要立即关闭，同时发车站和接车站的表示灯要亮红灯。当发车站轨道电路恢复正常，闭塞不能自动复原，须由发车站人工办理事故复原。

13. 发车站列车出发后，接车站闭塞轨道电路故障，闭塞不能自动复原，需由接车站办理事故复原

在发车站列车出发后，接车站闭塞轨道电路故障时，在列车完全到达接车站后，站间闭塞应不能自动复原，需由接车站办理事故复原才能复原。

14. 接车站引导接车时，需由接车站采用事故复原办法办理复原

接车站引导接车时，在列车完全到达接车站后，站间闭塞应不能自动复原，须由接车站采用事故复原方式才能复原。

15. 发车站办理取消时,应先取消发车进路再办理取消闭塞手续

发车站开放出站信号后,办理取消闭塞手续,闭塞应不能复原。关闭出站信号后,办理取消闭塞手续,闭塞应能复原。

16. 办理闭塞并在列车出发后,接车站在列车未到达时不能办理闭塞复原

办理闭塞,模拟列车从发车站出发后,接车站在列车未到达时,办理取消闭塞手续,闭塞应不能复原。

17. 办理闭塞后,如未办理发车进路,发车站可利用发车闭塞轨道电路进行调车

办理闭塞后,开放经发车闭塞轨道电路的调车信号,人工模拟调车占用发车闭塞轨道电路,应不影响已办理好的闭塞。

18. 闭塞办理完毕,接车站不允许向同一区间开放出站信号

办理闭塞后,办理接车站向该区间的出站信号,信号应不能开放。

第二节　半自动闭塞电路联锁试验

一、试验适用范围

1. 更换半自动光电缆,应试验以下项目:

(1)正常办理:

①办理发车;

②同意发车。

(2)光电转换机主备机倒换试验。

2. 更换报警铃时,应试验报警铃功能。

3. 新建、工程改造、大修时,应对所有项目进行试验。

二、试验注意事项

1. 发车闭塞后、出站信号机开放之前应能取消闭塞。出站信号机开放后、列车越过出站信号机之前取消闭塞时,应检查发车进路解锁。

2. 列车越过出站信号机之前,已开放的出站信号应能关闭。改变发车进路时不需要重新办理闭塞。

3. 区间接车闭塞表示、发车闭塞表示、区间占用表示显示含义正确。

三、联锁试验项目及方法

半自动闭塞电路联锁试验样表见附件18。

1. 正常办理

(1)办理发车:发车站按压闭塞按钮请求闭塞时发车表示灯亮黄灯,接车站接车表示灯亮黄灯。

(2)同意发车:接车站按压闭塞按钮同意接车后,接车站接车表示灯亮绿灯,发车站发车表示灯亮绿灯。

(3)列车出发:列车出站压入进路内方最末区段时,发车站发车表示灯亮红灯,接车站接车表示灯亮红灯。

(4)列车在区间运行:发车站的发车表示灯亮红灯,接车站的接车表示灯亮红灯,表明该区间内有一列列车在运行,此时发车站、接车站的出站信号均不能再次开放。

(5)列车到达:列车到达接车站接车进路内方第一区段(该区段为半自动闭塞轨道区段)时,接车站接、发车表示灯均亮红灯;接车进路解锁后,接车站按压复原按钮,接车站接车表示红灯熄灭,发车站发车表示红灯熄灭,闭塞机复原。

2. 取消复原办理

(1)发车站请求发车,收到接车站的回执信号后取消复原:此时发车站的发车表示灯、接车站的接车表示灯均亮黄灯,如果接车站不同意对方站发车,或发车站需取消发车时,经双方联系后可由发车站按下复原按钮办理取消复原。

(2)发车站收到对方站的同意接车信号后,但其出站信号机尚未开放以前取消复原:此时发车站的发车表示灯和接车站的接车表示灯均亮绿灯,如需取消闭塞,经双方联系后可由发车站按下复原按钮办理取消复原。

(3)发车站开放出站信号后,列车尚未出发之前取消复原:此时若要取消复原,需经双方联系后,确认列车未出发,发车站先办理发车进路的取消或人工解锁(视列车接近的情况),在出站信号机关闭、发车进路解锁后,再按复原按钮,办理取消复原。

3. 故障复原办理

(1)发车站取得发车权,一度停电恢复:发车站发车表示灯亮红灯,出站信号自动关闭。两站确认区间空闲后，接车站按压事故复原按钮，两站闭塞复原。

(2)区间空闲，一站一度停电恢复：两站间未办理闭塞，区间空闲状态，任意站停电恢复，停电站发车表示灯亮红灯。停电站与邻站确认区间空闲后，按压事故复原按钮，两站闭塞复原。

(3)区间空闲，两站一度停电恢复：两站间未办理闭塞，区间空闲状态，两站均停电恢复，两站发车表示灯亮红灯。任意一站与邻站确认区间空闲后，按压事故复原按钮，两站闭塞复原。

(4)停电后恢复供电时，甲乙两站在人工复原前不能办理发车进路：停电后恢复供电时，未办理事故复原，发车进路不能办理。

4. 接、发车站正常办理及各种表示显示正确

发车站按压闭塞按钮请求闭塞时发车表示灯亮黄灯，接车站接车表示灯亮黄灯；接车站按压闭塞按钮同意接车后，接车站接车表示灯亮绿灯，发车站发车表示灯亮绿灯；列车出站压入进路内方最末轨道区段(该区段为半自动闭塞轨道电路区段)时，发车站发车表示灯亮红灯，接车站接车表示灯亮红灯；列车到达接车站接车进路内方第一区段(该区段为半自动闭塞轨道电路区段)时，接车站接、发车表示灯均亮红灯；接车进路解锁后，接车站按压复原按钮，接车站接车表示灯红灯熄灭，发车站发车表示灯熄灭，闭塞机复原。某些计算机联锁以方向箭头代替接、发车表示灯，箭头向站内时表示接车，箭头向站外时表示发车，箭头的颜色含义与表示灯的含义是一致的。在试验过程中，应同时注意电铃或语音音响提示。

5. 未办妥闭塞，办理发车进路时，进路能锁闭但信号不能开放

发车站请求发车，接车站未同意时，在发车站办理发车进路，进路能锁闭但出站信号不能开放。

6. 发车站闭塞区段轨道电路故障闭塞不能办理

发车站的闭塞区段轨道电路红光带，闭塞不能办理。

7. 发车信号开放后，发车站轨道电路故障，接车站接车表示灯和发车站发车表示灯亮红灯，故障恢复时，闭塞应不能自动复原，须由发车站办理事故复原

发车信号开放后，发车站轨道电路红光带，接车站接车表示灯和发车站发车表示灯亮红灯，轨道电路恢复时，闭塞不能自动复原，接车站接车表示灯和

发车站发车表示灯亮红灯，由发车站办理事故复原才能恢复。

8. 发车站列车出发后，接车站闭塞轨道电路故障，闭塞不能自动复原，需由接车站办理事故复原

发车站列车出发后，发车站的发车表示灯亮红灯，接车站的接车表示灯亮红灯，接车站闭塞轨道电路红光带，闭塞不能自动复原，需接车站办理事故复原后恢复。

9. 引导接车时，需由接车站采用事故复原办法办理复原

两站间的闭塞办理完成，接车站引导接车，列车全部进入股道后，按压复原按钮无法办理复原，需按压事故复原办理复原。

10. 发车站办理取消时，应先取消发车进路再办理取消闭塞手续

两站间的闭塞办理完成，发车站出站信号已开放，此时按压复原按钮，闭塞机不能恢复，取消发车进路后，按压复原按钮，闭塞机能够复原。

11. 办理闭塞并在列车出发后，接车站在列车未到达时不能办理闭塞复原

办理闭塞并在列车出发后，接车站在列车未到达时，按压复原按钮，闭塞机不能复原。

12. 办理闭塞后，如未办理发车进路，发车站可利用发车闭塞轨道电路进行调车

办理闭塞后，开放经发车闭塞轨道电路的调车信号，人工模拟调车占用发车闭塞轨道电路，应不影响已办理好的闭塞。

13. 闭塞办理完毕，接车站不允许向同一区间开放出站信号

办理闭塞后，办理接车站向该区间的出站信号，信号应不能开放。

14. 邻站发车有"邻站开出"的语音提示或响铃正确

两站间的闭塞办理完成，发车站办理一条发车进路，列车正常发出压入闭塞轨道电路后，接车站有"邻站开出"的语音提示或响铃正确。

第三节　高速铁路 ZPW-2000 系列移频自动闭塞联锁试验

一、试验适用范围

1. 新建、工程改造、大修时，应对所有项目进行试验。

2. 更换双体防护盒（含底座）、匹配变压器、空芯线圈、调谐单元、调谐匹配单元，应试验以下项目：

（1）区段占用；

（2）分路残压测试。

3. 更换轨道电路电缆，应试验以下项目：

（1）区段占用；

（2）分路残压测试；

（3）发送接收端设置核对。

4. 更换发送盒、接收盒、衰耗盒、电缆模拟网络，应试验以下项目：

（1）主、备机转换及一致性试验；

（2）发送器故障报警；

（3）接收器故障报警。

二、试验注意事项

1. 码序测试时，应确认区间开通方向；

2. 试验边界码序时，应确认邻站条件正确。

三、联锁试验项目及方法

高速铁路 ZPW-2000 系列移频自动闭塞联锁试验样表见附件 19。

1. 信号机（标志牌）

查看区间信号平面布置图，按列车运行方向，依次填写区间通过信号机或标志牌编号，当一个闭塞分区有多个分割轨道电路时，应按实际情况合并填写。

2. 载频配置

根据设计图纸，填写区间轨道电路载频频率值。

注：相邻区段实现频率交叉，尤其注意站界、段界、局界相邻轨道电路频率交叉。

3. 载频核对

逐区段测试发送器功出载频频率应与设定的载频频率相符，核对测试频率与设计文件相符。

4. 区段名称

查看区间信号平面布置图，按列车运行方向，依次填写区间轨道电路区段名称，分割轨道电路应分别填写。

5. 前方信号显示或低频码

(1)发送器的低频频率应与运行方向前方信号机的显示含义及闭塞分区空闲数量相符。试验时,可在室内分线盘发送端子测试低频频率,并与现场的地面信号显示进行人工核对。

(2)对于列控中心管辖的分割轨道电路,列车占用时,运行后方轨道电路应发 27.9 Hz 占用检测低频码。

6. 列控主并机关机

关闭列控中心时,主发送器不工作,备发送器应发 27.9 Hz 占用检测码。

7. 异物侵限出红发红码

异物侵限发生时,防护区段应向轨面发送 29.0 Hz 紧急停车红码,该区段同时应出现红光带。

8. 所有弯进进路码序一致性核对

试验进站外方区段码序时,需核对该区段对应的所有接车进路信号显示与发码一致。

9. 发送器故障报警

进行发送器 +1 切换,试验时核对报警正常。

10. 发送电平级核对

逐区段测试核对发送器主机和备机功出电平与调整表一致。

11. 接收器故障报警

分别对主、并接收器断开试验,核对报警正常。

12. 接收电平级核对

逐区段测试核对接收电平与调整表一致。

13. 接收器主并机倒换

顺序将接收器主、并机拔下,分别试验并、主机工作正常。

14. 发送、接收端设置正确

根据运行方向,发送端一般设在运行方向的前方,一般是先校核电缆配线正确,然后通过断开室外送端电缆,轨面无移频信息,断开室外受端电缆,轨面有移频信息的方法来判断送、受电端设置正确性。也可短路轨面后,测试轨道电路发送端调谐单元应有移频信息,接收端基本无本区段移频信息,确认发送端、接收端与列车运行方向相符。

15. 区段核对

采用标准分路线分路轨面的方法，核对相应的轨道继电器应可靠落下，控制台对应的区段应显示红光带。区间含有分割点时每个短区段单独进行试验。

（1）正向主轨道分路核对：使用标准分路线在主轨道轨面分路，确认分路区段出现红光带，人工确认分路区段与室内衰耗盒表示灯、控制台表示一致。

（2）正向小轨道分路核对：在调谐区内空芯线圈与接收端调谐单元之间适当地点轨面进行分路，核对本区段的小轨道被分路，本区段不出红光带，与接收端相邻区段出现红光带，人工确认分路区段与室内衰耗器表示灯、控制台表示一致。试验时注意同时测试本区段主轨道电压不低于调整状态最低值，邻区段小轨道残压符合要求，防止造成红光带的仅是主轨在起作用。

（3）反向运行时的区段核对：改变运行方向后进行逐区段分路试验，测试接收器电压与分路区段相对应。根据电路设计方式不同，有些反向轨道区段后方发送通道中检查前方轨道区段空闲条件，因此分路时本区段及其后方的所有区段都会出现红光带，此时的核对方法是室外的分路点应与列车运行最前端红光带区段名称相对应。

（4）分割点区段核对：具有分割点的区段核对，必须满足“逐个占用、同时恢复，防护该闭塞分区的信号机始终显示禁止信号”的原则。

进站信号机外方 3JG 存在两个及以上短区段的核对：对存在两个及以上短区段的 3JG 进行区段核对时，应将进站信号先开放，再逐个核对每个短区段。以两个短区段 AG、BG 为例，如图 7-1 所示，正常情况应为：分路运行方向第一短区段 BG 时，3JG 出现红光带，测试 BG 接收端的轨入电压基本为零，AG 接收端的轨入电压正常，防护 3JG 的通过信号机显示红灯；分路第二短区段 AG 时，3JG 红光带继续保留，测试 BG 发送端模拟网络盘电压、AG 接收端的轨入电压均基本为零，防护 3JG 的通过信号机仍显示红灯；列车全部进入站内，3JG 红光带消失，测试 BG、AG 接收端的轨入电压恢复正常。

特别注意：

①在进行具有分割点的 3JG 区段核对时，一是必须先开放进站信号；二是分路室外第二或第三个短区段时，不能只看 3JG 是否有红光带，必须同时检查测试列车已出清的第一或第二个短区段的轨入电压基本为零（其原因主要是防止当列车出清第一个短区段时，如该短区段恢复正常工作，虽然 3JG 仍显示

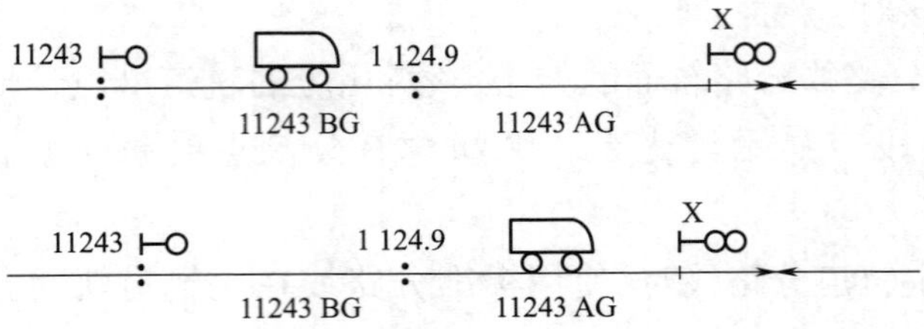

图 7-1　三接近分割点示意图

红光带,防护 3JG 的通过信号机也显示禁止信号,但如列车冒进 3JG 区段将收到允许信号码,这是十分危险的)。

②反向进站信号机外方接近区段(即正向的 1LQ)存在两个及以上短区段的核对:对存在两个及以上短区段的反向接近区段进行区段核对时,应将反向进站信号先开放,再逐个核对每个短区段。在开通前模拟试验时,应模拟列车反向运行,逐个占用每个短区段,直到列车全部进入站内并出清最后一个短区段后,该闭塞分区红光带才允许消失。

③具有分割点的一般闭塞分区区段核对:对一般闭塞分区进行区段核对时,主要是检查测试各短区段占用、恢复时机和防护该闭塞分区的信号机信号显示变化情况,应满足前述原则。试验时,应对各短区段在正向和反向运行时的两种情况分别进行试验。

④含有分割点区段的闭塞分区作为站联条件送对方站时的核对:当分割点区段作为站联条件时,给对方站送站联条件的轨道继电器接点条件要能完全反映该闭塞分区的占用和空闲状态。

16. 维护终端码序核对

根据列车占用区间轨道区段及车站进路状态,检查车站联锁显示界面与列控中心维护终端显示界面应一致,包括区段占用及空闲状态、各种信号显示等。

17. 分路残压测试

测试使用标准分路线分路主轨道轨面,残压应符合要求,轨道继电器应可靠落下。

18. 主、备机一致性试验

进行载频、低频测试核对时,均需同步测试备机,应与主机一致,与设计图纸相符。

第四节　移频自动闭塞联锁试验

一、试验适用范围

1. 新建、工程改造、大修时，应对所有项目进行试验。

2. 更换双体防护盒（含底座）、匹配变压器、空芯线圈、调谐单元、调谐匹配单元，应试验以下项目：

（1）主轨区段核对；

（2）小轨区段核对；

（3）残压测试。

3. 更换轨道电路电缆，应试验以下项目：

（1）主轨区段核对；

（2）残压测试；

（3）发送接收端设置核对。

4. 更换发送盒、接收盒，应试验以下项目：

（1）双机（$N+1$）转换及一致性试验；

（2）发送、接收故障报警。

5. 更换信号机箱盒、箱盒配线、机构配线、机构、室外点灯变压器任何一项时，应试验相关信号机以下项目：

（1）灯光显示核对；

（2）主副丝转换及报警；

（3）灯光转移。

6. 更换信号机灯座、灯泡，应试验相关信号机灯位以下项目：

（1）灯光显示核对；

（2）主副丝转换及报警。

7. 更换区间信号机电缆，应试验相关信号机以下项目：

（1）灯位及显示核对；

（2）主副丝转换及报警（抽测远端一架信号机一个灯位）。

8. 更换 DJ 继电器，应试验相关信号机以下项目：

灯位及显示核对。

二、试验注意事项

1. 分割点区段核对试验时，应同步核对 CTC/TDCS、信号集中监测等系统显示；

2. 区间信号机有容许信号等特殊显示时，应在信号机试验栏中增加相应的试验项目。

三、联锁试验项目及方法

移频自动闭塞检查联锁试验样表见附件 20。

1. 载频

根据设计图纸填写相应区段对应的载频频率及选型。

2. 频率

(1)发送移频：逐区段测试发送盒功出载频频率符合设定的载频频率，频率漂移应不超过规定值，核对载频表示灯显示符合设定的频率，并符合设计文件要求。

(2)发送信号显示与低频核对：逐区段测试发送盒功出低频频率应符合设定的低频频率，频率漂移应不超过规定值（测试时以周期为准），核对频率与低频表示灯和相关信号显示含义相符，并核对测试频率与设计文件相符。

(3)接收低频：逐区段测试接收盒限（滤）入低频频率应与发送的低频频率一致，频率漂移应不超过规定值（测试时以周期为准）。

(4)接收移频：逐区段测试接收盒限（滤）入载频频率应与发送的载频频率一致，频率漂移应不超过规定值（测试时以周期为准）。

3. 信号机

(1)灯位显示核对：对应每架区间信号机，现场实际灯光显示含义应与信号机前后区段低频频率相对应，同时核对与有关信号复示器的显示相符。

(2)主副丝转换及报警：断开点亮灯位灯泡的主丝（主灯泡），应能自动点亮副丝（副灯泡），控制台应给出断丝声光报警。

(3)灯光转移：拔掉通过信号机对应灯位的灯泡进行试验，任一灯位由亮灯状态变为灭灯时，应实现灯光转移。

①进站信号机红灯灭灯时，应使外方第一架通过信号机转点红灯；本架通过信号机红灯灭灯时，其外方第一架信号机应自动转点红灯；

②通过信号机显示单绿灯或单黄灯灭灯时，本信号机不点灯；

③通过信号机显示绿黄灯，当黄灯灭灯时，本信号机不点灯；当绿灯灭灯时，本信号机显示黄灯；

④允许灯位灯光转移时均不影响接近区段低频编码，控制台复示器显示应与室外显示相符合。

4. 发送、接收故障报警

指任一发送盒、接收盒发生故障后，所对应的检测盒（系统）应能检测到故障信息，并使控制台发出声光报警。试验时，可进行人工关闭发送盒、接收盒，确认报警应正常。

5. 主轨区段核对

采用标准分路线分路轨面，核对相应的轨道继电器应可靠落下，控制台对应的区段应显示红光带。正向和反向均应分别试验。

6. 小轨区段核对

在调谐区内空芯线圈与接收端调谐单元之间适当地点轨面进行分路，核对本区段的小轨道被分路，本区段不出红光带，与接收端相邻区段出现红光带，人工确认分路区段与室内衰耗器表示灯、控制台表示一致。改变运行方向后逐区段进行小轨分路试验，测试接收器电压与分路区段相对应，试验时注意同时测试本区段主轨道电压不低于调整状态最低值，邻区段小轨道残压符合要求，防止造成红光带的仅是主轨在起作用。

7. 残压测试

移频轨道区段残压在不同地点使用标准分路线分路，其测试值有所不同，应在最不利处所进行分路测试。试验时，应采用标准分路线在最不利处所分路，其残压应符合《普速铁路信号维护规则　技术标准》《高速铁路信号维护规则　技术标准》的规定。

8. 双机（$N+1$）转换及一致性试验

指双机热备的移频主、副发送盒之间，当对发码区段工作的发送盒故障时，应能自动转为热备的发送盒对发码区段工作。可进行人工切换试验。

9. 发送、接收端设置核对

根据运行方向，发送端一般设在运行方向的前方，一般是先校核电缆配线正确，然后通过断开室外送端电缆，轨面无移频信息，断开室外受端电缆，轨面有移频信息的方法来判断送、受电端设置正确性。

10. 进站口分割点核查

进站信号机外方 3JG 存在两个及以上短分割区段时，应将进站信号先开放，再逐个核对每个短区段。

11. 反向分割点核查

改变运行方向至反方向后，逐个分路每个短分割轨道电路，控制台相应闭塞分区均应显示红光带。

第五节　改变运行方向联锁试验

一、试验适用范围

1. 新建、工程改造、大修时，应对所有项目进行试验。

2. 更换站联电缆时，应试验以下项目：

(1)正常改方——按压允许改方按钮后办理反向发车进路自动改方；

(2)正常改方——改方后办理正向发车恢复正方向；

(3)区间占用表示；

(4)方向回路总电阻 RF；

(5)监督回路总电阻 RJ；

(6)本站方向继电器端电压；

(7)方向电路供电电压；

(8)本站监督继电器端电压；

(9)监督电路供电电压。

二、试验注意事项

1. 试验人员携带车站平面图、四线制方向电路图等资料；

2. 正常改方和辅助改方时，前一次办理(成功或失败)后必须等待 13 s 后方准再次办理改方；

3. 日常试验辅助改方后，交付车站使用前应确认“辅助”表示灯灭灯；

4. 方向电路的供电电压、相关继电器(FJ、JQJ 等)的端电压应符合电气特性标准；

5. 区间逻辑检查改造后，应核对 JQJ 条件。

三、联锁试验项目及方法

改变运行方向联锁试验样表见附件21。

1. 方向口

填写进站口对应方向电路进站信号机名称。

2. 正常改方——未按允许改方按钮反向发车不能改方

当需要改变运行方向时，由甲站破封按下“允许改方”按钮后，“允许改方”表示灯亮红灯，方可办理反向改方。试验时不按压“允许改方”按钮，直接试排对应方向口的反向发车进路，方向电路不应变化，发车进路锁闭但反向出站信号不能开放（计算机联锁车站进路能否锁闭根据联锁制式不同而有所区别）。

3. 正常改方——按下允许改方按钮，办理反向发车进路自动改方

甲站值班员先按压“允许改方”按钮，再办理发车进路开放出站信号，使方向电路自动改变方向。改变方向后，甲站接车表示灯变为灭灯、发车表示灯变为亮绿灯，乙站接车表示灯变为亮黄灯、发车表示灯变为灭灯，此时可恢复“允许改方”按钮，“允许改方”表示灯复原。试验时，按规定要求操作，检查能否正常改变方向，表示灯（箭头）显示是否正常。

4. 正常改方——改方后办理正向发车恢复正方向

当需将反方向电路改为正向运行状态时，乙站按发车站的要求操作，只是在操作方式上、电路设计中正向发车口不设“允许改方”按钮，在对方站未排列发车进路时，直接办理发车进路即可改回正方向。

5. 正常改方——原发车站有发车进路不能改方

当对方站发车进路建立后，其发车锁闭继电器FSJ落下，使监督区间亮红灯，表示对方站发车已提前占用区间，不允许本站再向同一区间发车。试验时需分别对甲、乙两站在对方站发车进路建立后，试排发车进路，应不能改变运行方向。

6. 正常改方——无配线车站有接发车进路不能改方

当无配线车站接发车进路建立后，不允许接车站再向同一区间发车。试验时在无配线车站接发车进路建立后，甲、乙两站分别在接车状态时试排发车进路，应不能改变运行方向。

7. 正常改方——闭塞分区占用不能正常改方

人工占用区间轨道电路，接车站试排发车进路，应不能改变运行方向。

8. 正常改方——办理非列车进路不能改方

改变运行方向电路是以列车进路带动方向条件的,试排以发车口为终端的调车进路,应不能改变运行方向。

9. 辅助改方——区间空闲不能进行辅助改方

区间空闲时,甲、乙两站分别办理辅助改方,应不能改变运行方向。

10. 辅助改方——存在发车进路不能辅助改方

发车锁闭继电器落下后不允许辅助办理,指对方站发车进路建立后防止以任何方式出现向同一区间同时办理发车的可能性。试验时可由对方站先排发车进路使 FSJ 落下,进行辅助改方,确认方向不能改变。

11. 辅助改方——无配线车站有接发车进路不能辅助改方

当无配线车站接发车进路建立后,不允许接车站再向同一区间发车。试验时在无配线车站接发车进路建立后,甲、乙两站分别在接车状态时辅助改方,应不能改变运行方向。

12. 辅助改方——区间轨道电路故障时办理辅助改方

区段轨道电路故障时,接车站进行辅助改方,应能改变运行方向。计算机联锁车站试验时,甲、乙两站按压“总辅助”按钮、输入密码后,原接车站先按压“发车辅助”按钮、输入密码,在“发车辅助”按钮倒计时内,原发车站按压“接车辅助”按钮、输入密码,改变方向后,原接车站接车表示灯变为灭灯、发车表示灯变为亮绿灯,原发车站接车表示灯变为亮黄灯、发车表示灯变为灭灯。辅助改方办理成功以后,再次办理改方前,需确认发车站“辅助办理”表示灯灭灯。

13. 辅助改方后开放出站试验——监督电路故障不能开放

辅助改方后若监督区间灯点红灯,说明区间故障仍然存在,禁止开放出站信号。

14. 辅助改方后开放出站试验——监督电路良好能开放

辅助改方后监督区间灯红灯灭,此时可办理发车进路,开放出站信号。

15. 辅助改方后开放出站试验——列车发车后发车站辅助灯灭灯

以辅助办理方式改变运行方向后,发车站的“辅助”表示灯一直显示白灯,表示 DJ(短路继电器)在吸起状态,列车出发越过出站信号机后,DJ 落下,甲站“辅助办理”表示灯白灯灭灯。模拟列车运行后检查表示灯和继电器状态。

16. 列车运行方向表示

设甲站为原接车站,乙站为原发车站,改变方向前甲站接车表示灯亮黄灯、发车表示灯灭灯，乙站接车表示灯灭灯、发车表示灯亮绿灯；改变方向后，甲站接车表示灯变为灭灯、发车表示灯变为亮绿灯，乙站接车表示灯变为亮黄灯、发车表示灯变为灭灯。

17. 区间占用表示

甲、乙两站均在每条运行线上设有“监督区间”表示灯，当区间有车占用或任一站办理了发车进路后时，“监督区间”灯点红灯；当区间空闲，所有区间轨道继电器均吸起且两站均未向区间办理发车进路，“监督区间”灯灭灯。试验时，需要对所有区间轨道区段分别占用，检查对应区间轨道继电器落下，“监督区间”灯点红灯。

18. 方向回路总电阻 RF

RF 用于改善 F1、F2 回路的传输特性，消耗方向电源在外线上产生的感生电势，试验前要测试总电阻值应符合设计要求。

19. 监督回路总电阻 RJ

RJ 用于改善 F3、F4 回路的传输特性，消耗方向电源在外线上产生的感生电势，试验前要测试总电阻值应符合设计要求。

20. 本站方向继电器端电压

方向继电器采用的极性保持继电器，型号为 JYJC-270，在改方时本站的继电器工作电源由对方站供出，根据两站之间的距离不同，传输外线的阻抗不同，线路消耗的压降也不相同，因此需要根据每条外线的情况进行测试调整，确保办理改方操作时 FJ 继电器能够可靠转极。FJ 继电器端电压一般调整至 12 ~ 18 V 之间。

21. 方向电路供电电压

方向电路的供电电压是为对方站的方向继电器转极提供工作电源用的，试验前要调整本站的供电电压保证对方站继电器端压满足工作需要。方向电路的线路电压不宜过高，避免外线上产生的感应电势过大，造成改方时 FJ 工作不正常。

22. 本站监督继电器端电压

监督区间继电器平时挂在区间外线上，在所有区间空闲且两站均未办理发车进路时，区间监督继电器应可靠吸起，监督区间空闲。此时测试 JQJ 线圈端电压为 21 ~ 24 V，若上述任一条件不满足区间监督继电器均处于落下状态，继电器两端无电。

23. 监督电路供电电压

区间监督继电器采用 JWXC-H600，是由发车站供电的，试验前要调试发车站的区间监督供电电压，使接车站 JQJ1-4 线圈两端电压不少于 13 V，保证接车站 JQJ 能可靠吸起。改变运行方向后，互换供电方向，调试另一方的供电电压。

第六节 列控改变运行方向联锁试验

一、试验适用范围

1. 新建、工程改造、大修时，应对所有项目进行试验。
2. 更换列控软件时，应对所有项目进行试验。

二、试验注意事项

1. 试验人员携带车站平面图、列控设计说明等资料；
2. 列控软件更换前，需关注邻站列控软件版本与本站新列控软件应匹配；
3. 正常改方和辅助改方时，前一次办理（成功或失败）后必须等待 13 s 后方准再次办理改方。

三、联锁试验项目及方法

列控改变运行方向联锁试验样表见附件 22。

1. 方向口

填写进站口对应方向电路进站信号机名称。

2. 正常改方——未按允许改方按钮反向发车不能改方

当需要改变运行方向时，由甲站按下“允许改方”按钮，输入密码，“允许改方”表示灯点亮，方可办理反向改方。试验时不按压“允许改方”按钮，直接试排对应方向口的反向发车进路方向电路不应变化，发车进路锁闭但反向出站信号不能开放（计算机联锁车站进路能否锁闭根据联锁制式不同而有所区别）。

3. 正常改方——按压允许改方按钮办理反向发车进路自动改方

甲站先按压“允许改方”按钮，输入密码，再办理发车进路开放出站信号，使方向电路自动改变方向。改变方向后，关闭甲站出站信号后，甲站接车表示灯变为灭灯、发车表示灯变为亮绿灯，乙站接车表示灯变为亮黄灯、发车表示灯变为灭灯，此时可抬起“允许改方”按钮，“允许改方”表示灯灭灯。试验时，按规定要求操作，检查能否正常改变方向，表示灯显示是否正常。

4. 正常改方——改方后办理正向发车恢复正方向

当需将反方向电路改为正向运行状态时，乙站按发车站的要求操作，只是在操作方式上、软件设计中正向发车口不设“允许改方”按钮，在对方站未排列发车进路时，直接办理发车进路即可改回正方向。

5. 正常改方——原发车站有发车进路不能改方

当对方站发车进路建立后，其发车锁闭继电器 FSJ 落下，使监督区间亮红灯，表示对方站发车已提前占用区间，不允许本站再向同一区间发车。试验时需分别对甲、乙两站在对方站发车进路建立后，试排发车进路，应不能改变运行方向。

6. 正常改方——无配线车站有接发车进路不能改方

当无配线车站接发车进路建立后，不允许接车站再向同一区间发车。试验时在无配线车站接发车进路建立后，甲、乙两站分别在接车状态时试排发车进路，应不能改变运行方向。

7. 正常改方——闭塞分区占用不能正常改方

人工占用区间轨道电路，接车站试排发车进路，应不能改变运行方向。

8. 正常改方——双接时区间空闲可正常改方

列控中心双系重启以后，甲、乙两站同时为接车状态时，区间空闲时，甲、乙两站分别试排发车进路，应能改变运行方向。

9. 正常改方——办理非列车进路不能改方

改变运行方向电路是以列车进路带动方向条件的，试排反向调车进路，应不能改变运行方向。

10. 正常改方——无方向时可正常改方

列控中心双系重启以后，甲、乙两站为无方向状态时，区间空闲时，甲、乙两站分别试排发车进路，应能改变运行方向。

11. 辅助改方——区间空闲不能进行辅助改方

区间空闲时，甲、乙两站分别办理辅助改方，应不能改变运行方向。

12. 辅助改方——存在发车进路不能辅助改方

发车锁闭继电器落下后不允许辅助办理是要求对方站发车进路建立后防止以任何方式出现向同一区间同时办理发车的可能性。试验时可由对方站先排发车进路使 FSJ 落下,进行辅助改方,确认方向不能改变。

13. 辅助改方——无配线车站有接发车进路不能辅助改方

当无配线车站接发车进路建立后,不允许接车站再向同一区间发车。试验时在无配线车站接发车进路建立后,甲、乙两站分别在接车状态时辅助改方,应不能改变运行方向。

14. 辅助改方——区间轨道电路故障时办理辅助改方

区段轨道电路故障时,原接车站进行辅助改方,应能改变运行方向。计算机联锁车站试验时,甲、乙两站按压“总辅助”按钮、输入密码后,原接车站先按压“发车辅助”按钮、输入密码,发车站再按压“接车辅助”按钮、输入密码,改变方向后,原接车站接车表示灯变为灭灯、发车表示灯变为亮绿(红)灯,原发车站接车表示灯变为亮黄(红)灯、发车表示灯变为灭灯。

15. 辅助改方后开放出站试验——监督电路故障不能开放

辅助改方后,若接车(发车)表示灯点红灯,说明区间故障仍然存在,禁止开放出站信号。

16. 辅助改方后开放出站试验——监督电路良好能开放

辅助改方后,若接车(发车)表示灯点黄(绿)灯,此时可办理发车进路,开放出站信号。

17. 辅助改方后开放出站试验——列车发车后发车站辅助灯灭灯

以辅助办理方式改变运行方向后,发车站的“辅助”表示灯一直显示白灯,列车出发越过出站信号机后,甲站“辅助办理”表示灯白灯灭灯。模拟列车运行后检查“辅助办理”表示灯。

18. FQJ 串联采集接点检查

试验时,依次断开 FQJ 列控采集接点,核对列控维护机上应有 FQJ 采集报警信息,正反向均需核对。

19. 列车运行方向表示

设甲站为原接车站,乙站为原发车站,改变方向前甲站接车表示灯亮黄灯、发车表示灯灭灯,乙站接车表示灯灭灯、发车表示灯亮绿灯。改变方向后,甲站接车表示灯变为灭灯、发车表示灯变为亮绿灯,乙站接车表示灯变为亮黄灯、发车表示灯变为灭灯。

20. 区间占用表示

甲、乙两站均在每条运行线上设有“监督区间”表示灯，当区间有车占用或任一站办理了发车进路时，接车（发车）表示灯点红灯；当区间空闲，所有区间轨道继电器均吸起且两站均未向区间办理发车进路，接车（发车）表示灯亮黄（绿）灯。

第八章　站间/场间联系电路联锁试验

站间/场间联系电路联锁试验主要包括站间联系电路联锁试验、场间联系电路联锁试验、驼峰联系电路联锁试验、同意动岔联锁试验、机务段同意联锁试验等。

第一节　站间联系电路联锁试验

一、试验适用范围

1. 新建、改造、大修时引起的联锁软件变更,应对所有项目进行试验。

2. 联锁软件变更,计算机联锁供应商试验建议中要求仿真试验时,应对所有项目进行试验。

3. 更换站联电缆时,应试验以下项目:

(1)正常排列进路;

(2)区间小于 400 m 相邻两信号机重复显示;

(3)区间大于 400 m、小于 800 m 相邻两信号机禁止灯光重复显示;

(4)邻站信号开放表示;

(5)接近区段占用表示及提示音;

(6)单线运行方向表示。

4. 更换控显软件时,应试验以下项目:

(1)正常排列进路;

(2)取消进路;

(3)区间小于 400 m 相邻两信号机重复显示;

(4)区间大于 400 m、小于 800 m 相邻两信号机禁止灯光重复显示;

(5)邻站信号开放表示;

(6)接近区段占用表示及提示音;

(7)单线运行方向表示。

二、试验注意事项

1. 站间联系电路具有“事故”按钮的,在该电路停电恢复后需先按压“事故”按钮复原电路;

2. 试验人员携带站联关系图、设计说明等资料;

3. 审核站联关系图与设计说明,是否存在特殊站联关系;

4. 更新改造时,应核对新站联电路与原站联电路的一致性,防止引起邻站电路的修改。

三、联锁试验项目及方法

“站间联系电路”联锁试验样表见附件23。

1. 正常排列进路

按进路号码对应的始终端按钮逐条排列,在具备开放条件时信号应能正常开放。

2. 取消进路

办理进路并锁闭,但信号未开放,或信号已开放但未构成接近锁闭时,采取按压总取消按钮和进路始端按钮的方式办理取消进路手续,进路应能立即解锁。

注:计算机联锁办理取消进路的方式以各有关厂家提供的操作说明为准。

3. 进路正常解锁

采用模拟列车或车列走行条件进行三点检查(占用本区段、出清前一区段、占用后一区段并出清本区段),进路自始端起,各区段在出清后依次向终端解锁。

4. 列车未完全到达邻站不能重复开放出发信号

区间有车占用时,出站信号不能开放。可模拟列车运行,在区间未出清的情况下,检查出站信号应不能开放。

5. 区间小于400 m相邻两信号机重复显示

列车运行速度不大于120 km/h时,本架信号机必须完全复示运行方向前一架信号机的显示(其他速度等级按设计要求试验)。试验时,在前一架信号机显示各种灯光时,检查本架信号机的各种显示应一致。

6. 区间大于 400 m、小于 800 m 相邻两信号机禁止灯光重复显示

列车运行速度不大于 120 km/h 时,本架信号机必须复示运行方向前一架信号机的禁止灯光显示(其他速度等级按设计要求试验)。试验时,在前一架信号机显示禁止灯光时,检查本架信号机应不能开放。

7. 接近区段延长至邻站核查

当区间长度小于列车制动距离时,进站信号开放,接近区段即延长至邻站的出站(进站)信号机。试验时,开放本站进站信号、开放邻站出站(进站)信号后,模拟列车运行至邻站出站(进站)信号机内方各个区段,检查接车进路应转为接近锁闭状态。(特殊情况应根据设计文件要求进行试验)。

8. 单线区间有车不能改变运行方向

列车正在区间运行或区间轨道电路故障时,应不得改变运行方向。试验时,可模拟列车运行或人为逐区段短路区间轨道电路,应不能改变运行方向。

9. 单线改变运行方向发车站必先改为接车站后方能改变

为防止两站同时向区间办理发车进路,改变运行方向时,必须使原发车站先改为接车站后,原接车站才准许改为发车站。改变运行方向时,方向电路动作前必须具备区间空闲、原发车站的发车进路在解锁状态、原接车站的发车进路已办理等条件。试验方法:一是在满足改变运行方向的条件下,由原接车站办理发车进路,运行方向应能自动改变;二是人工将原接车站方向继电器状态改为发车站,检查应不能改变运行方向;三是将原发车站的发车进路锁闭后进行改变运行方向操作,运行方向应不能改变。

10. 邻站信号开放表示

邻站进站信号开放时,本站控制台上的邻站进站开放表示灯与邻站进站信号机显示含义相符。人工办理后确认表示灯显示正确。

11. 接近区段占用表示及提示音

列车压上进站接近区段时,接近表示灯应显示红灯,音响设备鸣响。人工模拟列车运行,确认声光报警正常。

12. 单线运行方向表示

接车方向表示灯、发车方向表示灯、本站的邻站出站信号开放表示灯显示应符合设计要求。试验时,人工确认表示灯显示应正常。

第二节 场间联系电路联锁试验

一、试验适用范围

1. 新建、改造、大修时引起的联锁软件变更,应对所有项目进行试验。

2. 联锁软件变更,计算机联锁供应商试验建议中要求仿真试验时,应对所有项目进行仿真试验。

3. 更换场联电缆时,应试验以下项目:

(1)正常排列进路;

(2)联络线列车敌对照查;

(3)联络线调车敌对照查;

(4)联络线占用表示;

(5)关联信号机显示核对。

4. 更换控显软件时,现场应试验以下项目:

(1)正常排列进路;

(2)取消进路;

(3)联络线列车敌对照查;

(4)联络线调车敌对照查;

(5)联络线占用表示;

(6)关联信号机显示核对。

二、试验注意事项

1. 试验人员携带场联关系图、设计说明等资料;

2. 审核场联关系图与设计说明,是否存在特殊站联关系;

3. 更新改造时,应核对新场联电路与原场联电路的一致性,防止引起邻场电路的修改。

三、联锁试验项目及方法

场间联系电路联锁试验样表见附件 24。

1. 正常排列进路

按进路号码对应的始终端按钮逐条排列,在具备开放条件时信号应能正常开放。

2. 取消进路

办理进路并锁闭，但信号未开放，或信号已开放但未构成接近锁闭时，采取按压总取消按钮和进路始端按钮的方式办理取消进路手续，进路应能立即解锁。

注：计算机联锁办理取消进路的方式以各有关厂家提供的操作说明为准。

3. 进路正常解锁

采用模拟列车或车列走行条件进行三点检查（占用本区段、出清前一区段、占用后一区段并出清本区段），正常解锁后，场间联系电路应能自动复原。

4. 联络线占用不能开放列车信号

当联络线被占用时，两个场均应不能向联络线排列列车进路。试验时可人为分路联络线区段，检查列车进路应不能办理。

5. 联络线占用不能开放调车信号

当联络线被占用时，两个场均不能向联络线排列调车进路。试验时可人为分路联络线区段，检查调车进路应不能办理。

注：特殊情况确需办理调车进路时，须经有关部门批准。

6. 联络线列车敌对照查

对方信号楼向联络线排列了列车进路时，列车照查灯亮绿灯。向联络线办理进路均应检查对方场是否办理敌对进路。试验时，对方先办理向联络线的列车进路，检查本场通向联络线的列车、调车进路均不能办理；本场先办理通向联络线的列车进路，检查对方场的列车、调车进路均不能办理，并核对相应的敌对照查指示灯与进路性质相一致。

7. 联络线调车敌对照查

对方信号楼向联络线排列了调车进路时，调车照查灯亮白灯。向联络线办理进路均应检查对方场是否办理敌对进路。试验时，对方先办理向联络线的调车进路，检查本场通向联络线的列车、调车进路均不能办理；本场先办理通向联络线的调车进路，检查对方场的列车、调车进路均不能办理，并核对相应的敌对照查指示灯与进路性质相一致。

8. 联络线占用表示

联络线有车占用时，接近灯（接近轨道电路）亮红灯。

9. 关联信号机显示核对

（1）列车运行速度不大于 120 km/h 时：当同方向相邻两架信号机间的距

离小于 400 m 时,本架信号机必须完全复示运行方向前一架信号机的显示(其他速度等级按设计要求试验)。试验时,在前一架信号机显示各种灯光时,检查本架信号机的各种显示应一致。

(2)列车运行速度不大于 120 km/h 时:当同方向相邻两架信号机间的距离为 400 m 及以上,小于 800 m 时,本架信号机必须复示运行方向前一架信号机的禁止灯光显示(其他速度等级按设计要求试验)。试验时,在前一架信号机显示禁止灯光时,检查本架信号机应不能开放。

10. 接近区段延长至邻场核查

当区间长度小于列车制动距离时,进站信号开放,接近区段即延长至邻场的出站(进站)信号机。试验时,开放本场进站信号、开放邻场出站(进站)信号后,模拟列车运行至邻场出站(进站)信号机内方各个区段,检查接车进路应转为接近锁闭状态。(特殊情况应根据设计文件要求进行试验)。

第三节　驼峰联系电路联锁试验

一、试验适用范围

1. 新建、改造、大修时引起的联锁软件变更,应对所有项目进行试验。

2. 联锁软件变更,计算机联锁供应商试验建议中要求仿真试验时,应对所有项目进行仿真试验。

3. 更换场联电缆时,应试验以下项目:

(1)同意预推;

(2)同意推送;

(3)推送进路排列有关信号机开放;

(4)切断驼峰复示信号;

(5)推送进路出清一次解锁;

(6)驼峰楼到达场推送进路表示。

4. 更换控显软件时,现场应试验以下项目:

(1)同意预推;

(2)预推取消;

(3)同意推送;

(4)推送取消;

(5)推送进路排列有关信号机开放;
(6)切断驼峰复示信号;
(7)推送进路出清一次解锁;
(8)驼峰楼到达场推送进路表示。

二、试验注意事项

1. 试验人员携带驼联关系图、设计说明等资料;
2. 审核驼联关系图与设计说明,是否存在特殊驼联关系。

三、联锁试验项目及方法

驼峰联系电路联锁试验样表见附件25。

1. 同意预推

驼峰信号楼同意预推,按下预先推送按钮后,到达场信号楼才能排列推送进路。推送进路排列后,此时到达场的驼峰辅助(TF)信号机及驼峰辅助复示(FTF)信号机显示一个黄灯,峰上的驼峰(T)信号机显示红灯。试验时,先在驼峰信号楼未按允许预推按钮情况下,确认推送进路应不能建立,再按上述要求逐条股道办理并确认预推进路。

2. 预推自动关闭

在办理推送进路开放预推信号后,驼峰信号未开放时,车列预推至预定停车点,预推信号即驼峰辅助信号机应改点红灯,驼峰辅助复示信号机灭灯。试验时在办理推送进路后,模拟车列预推至预定停车点,确认上述信号机应关闭。

3. 预推取消

在驼峰信号楼已同意预推,但到达场信号楼尚未排列推送进路时,驼峰信号楼办理预推取消手续,即可取消预推。在推送进路锁闭、驼峰辅助信号开放时,驼峰信号楼办理预推取消操作后可关闭预推信号,如车列未占用推送进路,推送进路经延时30 s后解锁,如车列已占用推送进路,则推送进路不得解锁。

4. 同意推送

在驼峰信号楼按下允许推送按钮后,峰顶区的驼峰信号机根据驼峰信号楼的控制条件,决定开放何种信号。到达场的驼峰辅助信号机在推送进路已排列的前提下，复示驼峰信号机的显示。试验时注意驼峰信号机、驼峰辅助信号机、驼峰辅助复示信号机、室内信号复示器的显示一致。

5. 推送自动关闭

当推送车列占用到达场与驼峰场连接的无岔区段且出清到达场后，驼峰辅助信号机自动关闭，即驼峰辅助信号不再复示驼峰信号的显示。试验时，模拟车列推送，人工确认驼峰辅助信号关闭时机是否正确。

6. 推送取消

在推送进路锁闭、驼峰辅助信号开放时，驼峰信号楼值班员办理推送取消可关闭推送信号，驼峰信号机显示红灯，如车列未占用推送进路，推送进路经延时 30 s 后解锁，如车列已占用推送进路，则推送进路不得解锁。

7. 推送进路排列有关信号机开放

在预推条件下，推送进路排列，驼峰辅助信号机开放黄灯；在允许推送条件下，驼峰信号机开放后，驼峰辅助信号机复示驼峰信号机的显示，此时如驼峰信号机显示前进信号，则推送线上前进方向的调车信号机显示白灯，如驼峰信号机显示后退信号，则推送线上后退方向的调车信号机显示白灯（到达场及峰顶区的防护调车信号机除外）。试验时，模拟车列在推送线上推进或后退，确认有关信号是否按要求自动开放。

8. 切断驼峰复示信号

到达场信号楼在驼峰辅助信号开放（即推送作业开始）后，即失去了对驼峰辅助信号机及其所防护的推送进路的控制权。必要时可破封按压切断推送信号按钮，使驼峰辅助信号关闭，但推送进路不得解锁。

9. 推送进路排列不能取消或人工解锁进路

指到达场信号楼在排列了推送进路后，不能采取取消或人工解锁方法使进路解锁。试验时，可在排列了推送进路后按压取消或人工解锁按钮和始端按钮，确认推送进路应不能解锁。

10. 驼峰取消推送进路 30 s 解锁

在驼峰辅助信号开放、车列未占用推送进路，驼峰信号楼办理了取消推送手续后，到达场推送进路需经延时 30 s 后方可解锁。试验时，可按要求办理手续，检查推送进路应按规定进行延时解锁。

11. 推送进路出清一次解锁

在检查车列全部出清到达场、压入分界处的无岔区段和该无岔区段的下一个区段条件后,到达场的整条推送进路一次性自动解锁。试验时可模拟车列推送,在符合区段占用条件后,确认是否一次性自动解锁。

12. 驼峰楼到达场推送进路表示

(1)到达场信号楼控制台

①对应每架驼峰信号机设一个复示器,当室外驼峰信号机显示绿色闪光或绿色灯光时,复示器显示绿灯;当驼峰信号机显示黄色闪光、黄色、月白闪光或月白色灯光时,室内复示器显示黄灯。试验时,人工确认现场信号显示与表示灯显示含义应相符。

②对应每条推送线设一个允许推送表示灯,当峰顶信号楼允许推送或预先推送时,该表示灯应点亮绿灯。

③对应每条推送线的无岔区段,设一个调车照查表示灯,当峰顶信号楼向该无岔区段排列调车进路时,该表示灯应显示白灯。

④对应每条推送线设一个带有表示灯的切断推送信号按钮(非自复、带铅封),按下时可切断驼峰辅助信号机推送信号(指前进和后退信号),此时该按钮表示灯应闪红色灯光。试验时,可在人工操作后检查信号应能关闭,表示灯应按要求闪光。

注:到达场为计算机联锁时,其显示屏上完全复示驼峰信号机显示;驼峰场办理预推时,到达场信号楼显示屏上推送表示灯显示黄灯;当办理允许推送时,推送表示灯显示绿灯。

(2)驼峰信号楼控制台

①对应到达场的每条股道设一个推送进路表示灯,当由该股道的推送进路排通并锁闭后,显示白灯。试验时,人工确认表示灯应按要求显示。

②对应每条推送线设一个推送进路接近表示灯,当车列进入推送进路后,显示红灯。试验时,人工确认表示灯应按要求显示。

③对应每条推送线的无岔区段,设一个调车照查表示灯,当到达场信号楼向该无岔区段排列调车进路时,该表示灯应显示白灯。试验时,人工确认表示灯应按要求显示。

④对应每条推送线设一个允许推送按钮、一个允许预先推送按钮(均为三位自复式)和一个允许推送表示灯、一个允许预先推送表示灯,当同意允许推送或允许预先推送时按下相应按钮,则相应的表示灯应显示白灯。试验时,分别操作不同按钮,检查对应的表示灯应按要求显示。

注:采用显示屏作为操作、显示界面的驼峰信号楼,上述操作和显示按操作说明书要求进行。

13. 正常排调车进路

在未办理推送进路手续时,到达场、驼峰区均可向交界处的无岔区段排列调车进路,但双方不得同时办理。试验时,按上述要求分别进行试验检查。

14. 推送线无岔区段占用不能排调车进路

试验时,可人工分路无岔区段,检查驼峰场和到达场两个场通向该无岔区段的调车信号均应不能开放。

第四节　同意动岔联锁试验

一、试验适用范围

1. 新建、改造、大修时引起的联锁软件变更,应对所有项目进行试验。

2. 联锁软件变更,计算机联锁供应商试验建议中要求仿真试验时,应对所有项目进行仿真试验。

3. 更换场联电缆时,应试验以下项目:

(1)办理同意动岔后本场能办理经该道岔定反位的进路;

(2)场联道岔表示;

(3)同意动岔办理及表示;

(4)照查条件检查;

(5)同意动岔手续一次有效检查;

(6)信号显示一致性核对;

(7)场联轨道表示;

(8)信号开放条件检查。

4. 更换控显软件时,现场应试验以下项目:

(1)办理同意动岔后本场显示"同意动岔"文字,邻场不能办理经该道岔定位的进路;

(2)办理同意动岔后本场能操纵该道岔;

(3)办理同意动岔后本场能办理经该道岔定反位的进路;

(4)场联道岔表示;

(5)同意动岔办理及表示;

(6)同意道岔封锁办理及表示；

(7)照查条件检查；

(8)信号显示一致性核对；

(9)场联轨道表示。

二、试验注意事项

1. 试验人员携带同意动岔电路图、设计说明等资料；
2. 审核同意动岔电路图与设计说明是否存在特殊关系；
3. 本场指控制台具备道岔操纵的站场，邻场指控制台设置“同意按钮”的站场。

三、联锁试验项目及方法

同意动岔联锁试验样表见附件26。

1. 未办理同意动岔，本场能办理经过该道岔定位的进路

邻场未按压同意动岔按钮前可以办理经过该道岔定位的进路。

2. 未办理同意动岔本场不能操纵该道岔

邻场未办理同意动岔手续前，本场单操该道岔或办理经该道岔另一位置的进路，道岔均不能动作。

3. 未办理同意动岔，邻场能办理经过该道岔定位的进路

邻场未按压同意动岔按钮前邻场可以办理经过该道岔定位的进路。

4. 办理同意动岔后本场显示“同意动岔”文字，邻场不能办理经该道岔定位的进路

邻场按压同意动岔按钮后控制台提示“同意动岔”文字，此时该道岔控制权已交由本场控制，邻场不能办理经该道岔定位的进路。

5. 办理同意动岔后本场能操纵该道岔

邻场按压同意动岔按钮后本场控制台提示“同意动岔”文字，此时该道岔控制权已交由本场控制，本场能操纵该道岔。

6. 办理同意动岔后本场能办理经该道岔定反位的进路

邻场按压同意动岔按钮后该道岔控制权已交由本场控制，本场能办理经该道岔定位或反位的进路。

7. 办理同意动岔后道岔在反位或向反位操纵过程中邻场不能取消同意动岔条件

办理同意动岔后控制权在本场时，该道岔在反位、四开位或向反位操纵过程中邻场无权取消同意动岔条件，只有该道岔在定位条件下才能取消同意动岔条件。

8. 场联道岔表示

本场和邻场控制台均能显示场联道岔定位、反位及挤岔表示。

9. 同意动岔办理及表示

同意动岔应能正常办理及取消，办理同意动岔后控制台应有“同意动岔”表示。

10. 同意道岔封锁办理及表示

当办理同意道岔封锁后，控制台同意动岔按钮有封锁表示，再次按压同意动岔按钮无效。

11. 照查条件检查

当邻场向本场办理进路后相应照查灯应点亮，向邻场办理进路均应检查对方场是否办理敌对进路。试验时，对方先办理向本场的进路，检查本场通向邻场进路应不能办理；本场先办理通向邻场的进路，检查对方场的进路也应不能办理，并核对相应的敌对照查指示灯与进路性质相一致。

12. 信号开放条件检查

本场向邻场开放信号前需检查邻场信号开放条件，邻场信号未开放，本场信号不能开放。邻场向本场开放信号前需检查本场信号开放条件，本场信号未开放，邻场信号不能开放。

13. 信号显示一致性核对

邻场信号开放时，本场控制台上的邻场表示灯与邻场信号机显示含义相符。本场信号开放时，邻场控制台上的本场表示灯与本场信号机显示含义相符。

14. 场联轨道表示

本场复示邻场轨道条件时，应能正确反映场联轨道占用及空闲状态。邻场复示本场轨道条件时，应能正确反映场联轨道占用及空闲状态。

15. 同意动岔手续一次有效检查

邻场同意动岔手续办理后，本场办理经该道岔的进路待信号开放后同意动岔条件自动恢复。进路解锁后再次开放信号前仍需办理同意动岔手续后才能开放。

第五节　机务段同意联锁试验

一、试验适用范围

1. 新建、改造、大修时引起的联锁软件变更,应对所有项目进行试验。

2. 联锁软件变更,计算机联锁供应商试验建议中要求仿真试验时,应对所有项目进行试验。

3. 更换场联电缆时,应试验以下项目:

对方办理同意手续后表示灯亮。

4. 更换控显软件时,应试验以下项目:

(1)对方办理同意手续后表示灯亮;

(2)取消同意手续需由本场办理。

二、试验注意事项

1. 严格按照信号联锁试验管理办法执行,严格执行联锁纪律,严禁简化联锁试验程序、联锁试验不彻底;

2. 试验人员携带联锁进路表、机务段同意电路设计图纸、设计说明等资料;

3. 审核机务段同意电路图与设计说明,是否存在特殊联锁关系;

4. 更新改造时,应核对新场联电路与原场联电路的一致性,防止引起邻场电路的修改。

三、联锁试验项目及方法

机务段同意联锁试验样表见附件27。

1. 对方办理同意手续后表示灯亮

机务段按压机务段同意按钮后本站与机务段的机务段同意表示灯(方向灯)亮,本站可以开放机务段入库信号。

2. 机务段未办理同意手续,信号不能开放

机车由集中联锁区进入机务段时,必须得到机务段的同意才能开放有关调车信号。试验时,机务段未按压同意按钮,检查进入机务段的有关调车信号应不能开放。

3. 取消同意手续需由本场办理

试验机务段同意手续办理后机务段无权人工取消同意,须由本站办理取消机务段同意。顺序按下总取消按钮和走行线入口信号机的调车按钮,或按下单设的取消机务段同意按钮,取消机务段同意。

注:具体方法按联锁厂家提供的操作说明书为准。

4. 机车入库自动取消同意手续

机务段同意手续办理后机车进入自动取消,试验时采用模拟机车走行条件进行三点检查(占用本区段、出清前一区段、占用后一区段并出清本区段),进路正常解锁后,机务段同意电路应能自动复原。

第九章　列控结合联锁试验

列控结合试验主要包括列控结合电路联锁试验、CTCS-2 级/CTCS-3 级限速功能与车站联锁有关项目联锁试验等。

第一节　列控结合电路联锁试验

一、试验适用范围

1. 新建、工程改造、大修时,应对所有项目进行试验。
2. 更换列控软件时,应对所有项目进行试验。

二、试验注意事项

1. 试验人员携带车站平面图、列控设计说明等资料;
2. 审核计算机联锁设备供应商资料,确认软件具备仿真试验条件,核查试验环境符合文件要求;
3. 核对软件版本号与供应商公布的软件版本号一致;
4. 仔细阅读软件试验要求;
5. 试验完成后填写相应资料,保存软件备份。

三、联锁试验项目及方法

列控结合电路联锁试验样表见附件 28。

1. 方向电路名称

填写进站口进站信号机名称。

2. 列控中心重启试验——站内——各区段发码方向应先置为默认方向(所有 FQJ 落下)

列控中心双系重启,站内各区段发码方向应先置为默认方向(所有 FQJ 落下）。

3. 列控中心重启试验——区间——站间通信正常时——邻站为发车方向，则本站初始化为接车方向

试验时，站间通信应正常，将邻站提前设置为发车方向，本站列控中心双系重启，则本站初始化应为接车方向。

4. 列控中心重启试验——区间——站间通信正常时——邻站为接车方向，本站 FJ 为发车方向，则本站初始化为发车方向

试验时，站间通信应正常，将本站 FJ 设置为发车方向且邻站为接车方向，本站列控中心双系重启，则本站初始化应为发车方向。

5. 列控中心重启试验——区间——站间通信正常时——上电初始化 6 s 内，未满足上述条件完成本站方向初始化，则本站初始化为无方向

试验时，站间通信应正常，将本站和邻站同时设置成发车方向或接车方向，本站列控中心双系重启，6 s 后则本站初始化为无方向。

6. 列控中心重启试验——区间——站间通信中断时——本站初始化为无方向

试验时，站间通信中断（断开列控中心与安全数据网的网线连接）条件下，本站列控中心双系重启，则本站初始化为无方向。

7. 列控中心重启试验——中继站——与主站通信正常，则本中继站与主站方向一致

试验时，中继站与所属主站通信正常条件下，中继站列控中心双系重启，中继站列控中心的方向与所属主站列控中心方向应一致。

8. 列控中心重启试验——中继站——与主站通信中断，则本中继站初始化为无方向

试验时，中继站列控中心通信中断条件下，中继站列控中心双系重启，中继站区间轨道电路的方向初始化应为无方向。

9. 车站与相邻车站或所属中继站通信中断后，本车站区间方向维持中断前方向不变

试验时，人工断开车站与相邻车站或所属中继站通信（断开列控中心与安全数据网的网线连接），本车站区间方向维持中断前方向不变。

10. 中继站与主站通信中断后，区间方向维持中断前方向不变

试验时，人工断开中继站与主站通信（断开列控中心与安全数据网的网线

连接),区间方向维持中断前方向不变。

第二节　CTCS-2 级/CTCS-3 级限速功能与车站联锁有关项目联锁试验

一、试验适用范围

1. 新建、工程改造、大修时,应对所有项目进行试验。
2. 更换列控软件时,应对所有项目进行试验。

二、试验注意事项

1. 试验人员携带车站平面图、联锁进路表、列控码序图、设计说明和临时限速管辖范围说明等资料;

2. 联锁试验方法内的 L_1 为进站信号机开始向区间、从 85 km/h 制动到 45 km/h 的距离;

3. 联锁试验方法内,试验项目除说明是关灯状态的,点灯和关灯状态均需试验;

4. 两站之间只有一个接近区段时,接近区段限速延伸至前一站出发进路,若前一站出发进路小于 450 m,则考虑延伸至股道,试验时接近区段范围内均需试验;

5. 列控软件更换前,需关注邻站列控软件版本与本站新列控软件应匹配;

6. 联锁试验方法内涉及限速的,均为限速至 80 km/h 或 45 km/h 以下。

三、联锁试验项目及方法

CTCS-2 级/CTCS-3 级限速功能与车站联锁有关项目联锁试验样表见附件 29。

1. 进路号

按进路表给定的进路号码,核对联锁进路号与所排进路的一致性。

2. 进路名称

按进路表给定的进路号码,填写对应进路的始端、变通和终端按钮名称。

3. 全进路发码车站经 18 号及以上道岔侧向弯进直出的通过列车进路——接近区段有限速——进站信号机显示降为 UU,码降为 UU 码全进路发码车站办理经 18 号及以上道岔侧向弯进直出的通过列车进路，进站信号机显示 USU，测试信号机外方区段发 UUS 码；接近区段下低于 80 km/h 限速，进站信号机显示 UU，测试信号机外方区段发 UU 码。

4. 全进路发码车站经 18 号及以上道岔侧向弯进直出的通过列车进路——接车进路有限速——进站信号机显示降为 UU，码降为 UU 码

全进路发码车站办理经 18 号及以上道岔侧向弯进直出的通过列车进路，进站信号机显示 USU，测试信号机外方区段发 UUS 码；接车进路下低于 80 km/h 限速，进站信号机显示 UU，测试信号机外方区段发 UU 码。

5. 全进路发码车站经 18 号及以上道岔侧向弯进直出的通过列车进路——接车进路有限速——出站信号机显示及码保持不变

全进路发码车站办理经 18 号及以上道岔侧向弯进直出的通过列车进路，出站信号机显示 L，测试出站信号机外方区段发 × ×码；接车进路下低于 80 km/h 限速，出站信号机显示 L，测试出站信号机外方区段发 × ×码（保持不变）。

6. 全进路发码车站经 18 号及以上道岔侧向弯进直出的通过列车进路——发车进路有限速——进站信号机显示降为 UU，码降为 UU 码

全进路发码车站办理经 18 号及以上道岔侧向弯进直出的通过列车进路，进站信号机显示 USU，测试信号机外方区段发 UUS 码；发车进路下低于 80 km/h 限速，进站信号机显示 UU，测试信号机外方区段发 UU 码。

7. 全进路发码车站经 18 号及以上道岔侧向弯进直出的通过列车进路——发车进路有限速——出站信号机显示及码保持不变

全进路发码车站办理经 18 号及以上道岔侧向弯进直出的通过列车进路，出站信号机显示 L，测试出站信号机外方区段发 × ×码；发车进路下低于 80 km/h 限速，出站信号机显示 L，测试出站信号机外方区段发 × ×码（保持不变）。

8. 全进路发码车站经 18 号及以上道岔侧向弯进直出的通过列车进路——离去 L_1 有限速——进站信号机显示降为 UU，码降为 UU 码

全进路发码车站办理经 18 号及以上道岔侧向弯进直出的通过列车进路，进站信号机显示 USU，测试信号机外方区段发 UUS 码；离去区段的制动距离 L_1 下低于 80 km/h 限速，进站信号机显示 UU，测试信号机外方区段发 UU 码。

9. 全进路发码车站经 18 号及以上道岔侧向弯进直出的通过列车进路——离去 L_1有限速——出站信号机显示及码保持不变

全进路发码车站办理经 18 号及以上道岔侧向弯进直出的通过列车进路，出站信号机显示 L，测试出站信号机外方区段发 × ×码；离去区段的制动距离 L_1下低于 80 km/h 限速时，出站信号机显示 L，测试出站信号机外方区段发 × ×码（保持不变）。

10. 全进路发码车站经 18 号及以上道岔侧向弯进弯出的通过列车进路（正向发车 2LQG 空闲）——接近区段有限速——进站信号机显示降为 UU，码降为 UU 码

正向发车 2LQG 空闲条件下，全进路发码车站办理经 18 号及以上道岔侧向弯进弯出的通过列车进路，进站信号机显示 USU，测试信号机外方区段发 UUS 码；接近区段下低于 80 km/h 限速，进站信号机显示 UU，测试信号机外方区段发 UU 码。

11. 全进路发码车站经 18 号及以上道岔侧向弯进弯出的通过列车进路（正向发车 2LQG 空闲）——接车进路有限速——进站信号机显示降为 UU，码降为 UU 码

正向发车 2LQG 空闲条件下，全进路发码车站办理经 18 号及以上道岔侧向弯进弯出的通过列车进路，进站信号机显示 USU，测试信号机外方区段发 UUS 码；接车进路下低于 80 km/h 限速，进站信号机显示 UU，测试信号机外方区段发 UU 码。

12. 全进路发码车站经 18 号及以上道岔侧向弯进弯出的通过列车进路（正向发车 2LQG 空闲）——接车进路有限速——出站信号机显示及码保持不变

正向发车 2LQG 空闲条件下，全进路发码车站办理经 18 号及以上道岔侧向弯进弯出的通过列车进路，出站信号机显示 L，测试出站信号机外方区段发 UUS 码；接车进路下低于 80 km/h 限速，出站信号机显示 L，测试出站信号机外方区段发 UUS 码。

13. 全进路发码车站经 18 号及以上道岔侧向弯进弯出的通过列车进路（正向发车 2LQG 空闲）——发车进路有限速——进站信号机显示及码保持不变

正向发车 2LQG 空闲条件下，全进路发码车站办理经 18 号及以上道岔侧

向弯进弯出的通过列车进路，进站信号机显示 USU，测试信号机外方区段发 UUS 码；发车进路下低于 80 km/h 限速，进站信号机显示 USU，测试信号机外方区段发 UUS 码。

14. 全进路发码车站经 18 号及以上道岔侧向弯进弯出的通过列车进路（正向发车 2LQG 空闲）——发车进路有限速——出站信号机显示保持不变，码降为 UU 码

正向发车 2LQG 空闲条件下，全进路发码车站办理经 18 号及以上道岔侧向弯进弯出的通过列车进路，出站信号机显示 L，测试出站信号机外方区段发 UUS 码；发车进路下低于 80 km/h 限速，出站信号机显示 L，测试出站信号机外方区段发 UU 码。

15. 全进路发码车站经 18 号及以上道岔侧向弯进弯出的通过列车进路（正向发车 2LQG 空闲）——离去 L_1 有限速——进站信号机显示及码保持不变

正向发车 2LQG 空闲条件下，全进路发码车站办理经 18 号及以上道岔侧向弯进弯出的通过列车进路，进站信号机显示 USU，测试信号机外方区段发 UUS 码；离去区段的制动距离 L_1 下低于 80 km/h 限速，进站信号机显示 UUS，测试信号机外方区段发 UUS 码。

16. 全进路发码车站经 18 号及以上道岔侧向弯进弯出的通过列车进路（正向发车 2LQG 空闲）——离去 L_1 有限速——出站信号机显示保持不变，码降为 UU 码

正向发车 2LQG 空闲条件下，全进路发码车站办理经 18 号及以上道岔侧向弯进弯出的通过列车进路，出站信号机显示 L，测试出站信号机外方区段发 UUS 码；离去区段的制动距离 L_1 下低于 80 km/h 限速，出站信号机显示 L，测试出站信号机外方区段发 UU 码。

17. 全进路发码车站经 18 号及以上道岔侧向弯进弯出的通过列车进路（正向发车 2LQG 空闲）——侧线有限速——进站信号机显示降为 UU，码降为 UU 码

正向发车 2LQG 空闲条件下，全进路发码车站办理经 18 号及以上道岔侧向弯进弯出的通过列车进路，进站信号机显示 USU，测试信号机外方区段发 UUS 码；侧线下低于 45 km/h 限速，进站信号机显示 UU，测试信号机外方区段发 UU 码。

18. 全进路发码车站经 18 号及以上道岔侧向弯进弯出的通过列车进路(正向发车 2LQG 空闲)——侧线有限速——出站信号机显示保持不变,码降为 UU 码

正向发车 2LQG 空闲条件下,全进路发码车站办理经 18 号及以上道岔侧向弯进弯出的通过列车进路,出站信号机显示 L,测试出站信号机外方区段发 UUS 码;侧线下低于 45 km/h 限速,出站信号机显示 L,测试出站信号机外方区段发 UU 码。

19. 全进路发码车站经 18 号及以上道岔侧向弯进弯出的通过列车进路(关灯时正向发车 2LQG 占用)——接近区段有限速——进站信号机显示降为 UU,码降为 UU 码

关灯时,正向发车 2LQG 占用条件下,全进路发码车站办理经 18 号及以上道岔侧向弯进弯出的通过列车进路,进站信号机显示 USU,测试信号机外方区段发 UUS 码;接近区段下低于 80 km/h 限速,进站信号机显示 UU,测试信号机外方区段发 UU 码。

20. 全进路发码车站经 18 号及以上道岔侧向弯进弯出的通过列车进路(关灯时正向发车 2LQG 占用)——接车进路有限速——进站信号机显示降为 UU,码降为 UU 码

关灯时,正向发车 2LQG 占用条件下,全进路发码车站办理经 18 号及以上道岔侧向弯进弯出的通过列车进路,进站信号机显示 USU,测试信号机外方区段发 UUS 码;接车进路下低于 80 km/h 限速,进站信号机显示 UU,测试信号机外放区段发 UU 码。

21. 全进路发码车站经 18 号及以上道岔侧向弯进弯出的通过列车进路(关灯时正向发车 2LQG 占用)——发车进路有限速——出站信号机显示及码保持不变

关灯时,正向发车 2LQG 占用条件下,全进路发码车站办理经 18 号及以上道岔侧向弯进弯出的通过列车进路,出站信号机显示 L,测试出站信号机外方区段发 UU 码;发车进路下低于 80 km/h 限速,出站信号机显示 L,测试出站信号机外方区段发 UU 码。

22. 全进路发码车站经 18 号及以上道岔侧向弯进弯出的通过列车进路(关灯时正向发车 2LQG 占用)——离去 L_1 有限速——出站信号机显示及码保持不变

关灯时,正向发车 2LQG 占用条件下,全进路发码车站办理经 18 号及以上道岔侧向弯进弯出的通过列车进路,出站信号机显示 L,测试出站信号机外方区段发 UU 码;离去区段的制动距离 L_1 下低于 80 km/h 限速,出站信号机显示 L,测试出站信号机外方区段发 UU 码。

23. 全进路发码车站经 18 号及以上道岔侧向弯进弯出的通过列车进路(关灯时正向发车 2LQG 占用)——侧线有限速——进站信号机显示降为 UU,码降为 UU 码

关灯时,正向发车 2LQG 占用条件下,全进路发码车站办理经 18 号及以上道岔侧向弯进弯出的通过列车进路,进站信号机显示 USU,测试信号机外方区段发 UUS 码;侧线下低于 45 km/h 限速,进站信号机显示 UU,测试信号机外方区段发 UU 码。

24. 全进路发码车站经 18 号及以上道岔直进弯出的通过列车进路(正向发车 2LQG 空闲)——股道有限速——进站信号机显示及码保持不变

正向发车 2LQG 空闲,全进路发码车站办理经 18 号及以上道岔直进弯出的通过列车进路,进站信号机显示 U,测试进站信号机外方区段发 U2S 码;股道下低于 80 km/h 限速,进站信号机显示 U,测试进站信号机外方区段发 U2S 码。

25. 全进路发码车站经 18 号及以上道岔直进弯出的通过列车进路(正向发车 2LQG 空闲)——股道有限速——出站信号机显示及码保持不变

正向发车 2LQG 空闲,全进路发码车站办理经 18 号及以上道岔直进弯出的通过列车进路,出站信号机显示 L,测试出站信号机外方区段发 UUS 码;股道下低于 80 km/h 限速,出站信号机显示 L,测试出站信号机外方区段发 UUS 码。

26. 全进路发码车站经 18 号及以上道岔直进弯出的通过列车进路(正向发车 2LQG 空闲)——发车进路有限速——进站信号机显示不变,码降为 U2 码

正向发车 2LQG 空闲,全进路发码车站办理经 18 号及以上道岔直进弯出的通过列车进路,进站信号机显示 U,测试进站信号机外方区段发 U2S 码;发车进路下低于 80 km/h 限速,进站信号机显示 U,测试进站信号机外方区段发 U2 码。

27. 全进路发码车站经 18 号及以上道岔直进弯出的通过列车进路(正向发车 2LQG 空闲)——发车进路有限速——出站信号机显示不变,码降为 UU 码

正向发车 2LQG 空闲,全进路发码车站办理经 18 号及以上道岔直进弯出的通过列车进路,出站信号机显示 L,测试出站信号机外方区段发 UUS 码;发车进路下低于 80 km/h 限速,出站信号机显示 L,测试出站信号机外方区段发 UU 码。

28. 全进路发码车站经 18 号及以上道岔直进弯出的通过列车进路(正向发车 2LQG 空闲)——离去 L_1有限速——进站信号机显示不变,码降为 U2 码

正向发车 2LQG 空闲,全进路发码车站办理经 18 号及以上道岔直进弯出的通过列车进路,进站信号机显示 U,测试进站信号机外方区段发 U2S 码;离去区段的制动距离 L_1下低于 80 km/h 限速,进站信号机显示 U,测试进站信号机外方区段发 U2 码。

29. 全进路发码车站经 18 号及以上道岔直进弯出的通过列车进路(正向发车 2LQG 空闲)——离去 L_1有限速——出站信号机显示不变,码降为 UU 码

正向发车 2LQG 空闲,全进路发码车站办理经 18 号及以上道岔直进弯出的通过列车进路,出站信号机显示 L,测试出站信号机外方区段发 UUS 码;离去区段的制动距离 L_1下低于 80 km/h 限速,出站信号机显示 L,测试出站信号机外方区段发 UU 码。

30. 列控中心重启且在初始化前,USU 显示与低频均降为 UU

列控中心双系重启且在初始化前,排列侧线接车进路,列控中心控制接近区段发 UU 码,进站信号机显示 UU。

第十章　自动闭塞区间逻辑检查联锁试验

自动闭塞区间逻辑检查联锁试验主要包括继电式逻辑检查联锁试验、电子式逻辑检查联锁试验。

第一节　继电式逻辑检查联锁试验

一、试验适用范围

1. 新建、工程改造、大修时，应对所有项目进行试验。
2. 更换人解按钮时，应试验以下项目：
(1)人工解锁表示灯核对；
(2)占用丢失后按压人工解锁按钮转为空闲状态。
3. 更换关闭按钮时，应试验以下项目：
(1)关闭表示灯核对；
(2)按压关闭按钮相应区间所有记录继电器吸起。
4. 更换报警铃时，应试验以下项目：
占用丢失报警铃核对。
5. 更换表示灯时，应试验以下项目：
(1)人工解锁表示灯核对；
(2)区间轨道复示灯核对；
(3)关闭表示灯核对。

二、试验注意事项

1. 进站继电器条件、出站继电器条件严格按试验方法进行联锁试验；
2. JZJ、CZJ 继电器电源，应采用站内 KZ/KF 电源；

3. 实际运用过程中,发生站内出发最后一个区段和1LQG红光带时,应区分故障红光带或占用丢失;

4. 既有线区间继电式逻辑施工改造时,需根据每次施工的拆配线范围,编制联锁试验表格;

5. 站内施工时应考虑停用区间逻辑检查功能;

6. 1LQG的JLJ继电器采用JXWC-H340型继电器。

三、联锁试验项目及方法

自动闭塞区间继电式逻辑检查联锁试验样表见附件30。

1. 正常占用条件检查

(1)人工占用相邻后方闭塞分区,再占用本闭塞分区后,该闭塞分区应为正常占用状态(QGJ↓JLJ↓),出清相邻后方闭塞分区,本闭塞分区仍为正常占用状态(QGJ↓JLJ↓)。

(2)当试验区段为1LQG时,先开放出站信号,然后人工占用发车进路最后一个区段后,再占用1LQG,1LQG应为正常占用状态(QGJ↓JLJ↓),出清发车进路最后一个区段后,1LQG仍为正常占用状态(QGJ↓JLJ↓)。

2. 故障占用条件检查

(1)只占用本闭塞分区,该闭塞分区为故障占用状态(QGJ↓JLJ↑)。

(2)试验闭塞分区为1LQG时,开放出站信号后不占用发车进路最后一个区段,占用1LQG,1LQG应为故障占用状态(QGJ↓JLJ↑);不开放出站信号占用发车进路最后一个区段,占用1LQG,1LQG应为故障占用状态(QGJ↓JLJ↑)。

3. 占用丢失条件检查

人工置本闭塞分区为正常占用状态,不占用前方相邻闭塞分区,该闭塞分区出清,则该闭塞分区应为占用丢失状态(QGJ↑JLJ↓)。

4. 空闲条件检查

人工置本闭塞分区为正常占用状态,占用前方相邻闭塞分区,该闭塞分区出清,该闭塞分区应为空闲状态(QGJ↑JLJ↑)。

5. 占用丢失延时报警检查

(1)模拟列车运行,将本闭塞分区置成占用丢失状态,连续计时60 s后,该闭塞分区报警红灯点亮,报警铃响。占用丢失报警出现后,人工占用相邻前方闭塞分区,本闭塞分区应转为空闲状态,报警信息停止输出。

(2)模拟列车运行,将本闭塞分区置成占用丢失状态,占用丢失报警出现后,人工占用本闭塞分区,本闭塞分区应转为正常占用状态,报警信息停止输出。

(3)模拟列车运行,将本闭塞分区置成占用丢失状态,在计时 60 s 期间,人工占用本闭塞分区,本闭塞分区应转为正常占用状态,不得输出报警信息。

(4)模拟列车运行,将本闭塞分区置成占用丢失状态,在计时 60 s 期间,人工占用相邻前方闭塞分区,本闭塞分区应转为空闲状态,不得输出报警信息。

6. 占用丢失报警铃核对

(1)置本闭塞分区占用丢失连续 60 s,报警电铃鸣响。按压切换电铃按钮后,电铃应静音。占用丢失恢复,电铃应由静音转为鸣响,拉出切换电铃按钮,电铃应静音。

(2)置本闭塞分区占用丢失连续 60 s,报警电铃鸣响。不按压切换电铃按钮,占用丢失恢复后,电铃应静音。

7. 占用丢失后按压人工解锁按钮转为空闲状态

人工置本闭塞分区为占用丢失状态,按压对应闭塞分区的 RJA,该闭塞分区应转为空闲状态。

8. 人工解锁表示灯核对

按压人工解锁按钮,对应人工解锁表示灯点 U 灯,松开按钮后表示灯灭灯。按下关闭按钮,其管辖所有闭塞分区的人工解锁表示灯点 U 灯,拉出关闭按钮,其管辖所有闭塞分区的人工解锁表示灯灭灯。区间反向时,其管辖所有闭塞分区人工解锁表示灯点 U 灯,区间正方向时,其管辖所有闭塞分区的人工解锁表示灯灭灯。

9. 按压关闭按钮相应区间所有记录继电器吸起

(1)将区间闭塞分区置成空闲状态,按压对应区间线路的 GBA,该区间闭塞分区仍为空闲状态。

(2)将区间闭塞分区置成占用丢失状态,按压对应区间线路的 GBA,该区间闭塞分区转为空闲状态。

(3)将区间闭塞分区置成故障占用状态,按压对应区间线路的 GBA,该区间闭塞分区仍为故障占用状态。

(4)将区间闭塞分区置成正常占用状态,按压对应区间线路的 GBA,该区间闭塞分区转为故障占用状态。

10. 区间反向时所有记录继电器吸起

(1)将区间线路倒成反方向,模拟列车运行,顺序占用出清闭塞分区,闭塞分区均为故障占用状态。

(2)将区间线路倒成反方向,模拟列车运行,人工占用相邻后方闭塞分区,接着占用本闭塞分区后,然后再出清本闭塞分区,本闭塞分区应为空闲状态。

11. GJ 励磁条件检查

闭塞分区出现正常占用(QGJ↓JLJ↓)、故障占用(QGJ↓JLJ↑)、占用丢失(QGJ↑JLJ↓)时 GJ 均应落下,防护信号机点红灯(当为 1LQG 时,则出站信号不能开放)。闭塞分区出现空闲(QGJ↑JLJ↑)时,GJ 应吸起。试验时:

(1)人工将闭塞分区置成正常占用状态时,闭塞分区 GJ 应落下,相应防护信号机点红灯。

(2)人工将闭塞分区置成故障占用状态时,闭塞分区 GJ 应落下,相应防护信号机点红灯。

(3)人工将闭塞分区置成占用丢失状态时,闭塞分区 GJ 应落下,相应防护信号机点红灯。

(4)人工将闭塞分区置成空闲状态时,闭塞分区 GJ 应吸起。

12. 区间轨道复示灯核对

QGJ 励磁吸起时,相应区间轨道复示灯点 L 灯。QGJ 落下时,相应区间轨道复示灯灭灯。

13. YXJF 条件检查

引导信号开放且进站内方第一个区段空闲时 YXJF 励磁吸起。YXJF 励磁吸起后,当引导信号关闭或进站内方第一个区段占用后,YXJF 缓放落下。试验时:

(1)未开放引导信号时,YXJF 应落下。

(2)人工占用进站内方第一区段后开放引导信号,YXJF 不得吸起。

(3)开放引导信号且进站内方第一个区段空闲时 YXJF 励磁吸起。

(4)YXJF 励磁吸起后,人工关闭引导信号,YXJF 应缓放落下。

(5)YXJF 励磁吸起后,人工占用进站内方第一区段,YXJF 应缓放落下。

14. 进站继电器条件检查

进站信号开放(开放引导信号时需进站内方第一区段工作正常)且列车压入进站内方第一区段时,JZJ 励磁吸起,当列车一直跨压进站外方接近区段时,JZJ 保持吸起。当列车出清接近区段且进站信号自动关闭后,JZJ 落下。试验时:

(1)开放进站信号(含引导信号)时,JZJ 保持落下。

(2)进站信号(含引导信号)未开放时,模拟占用进站内方第一区段时,JZJ 保持落下。

(3)开放进站内方第一区段故障时的引导信号时,JZJ 保持落下。

(4)开放进站信号(开放引导信号时需进站内方第一区段工作正常)后,模拟列车运行,顺序占用进站外方接近区段及进站内方第一区段时,JZJ 吸起并自闭。出清进站内方第一区段且接近区段不出清时,JZJ 保持吸起。

(5)开放进站信号(开放引导信号时需进站内方第一区段工作正常)后,接近区段不占用只占用进站内方第一区段时,JZJ 吸起,并在进站信号自动关闭后落下。

注:正常开放信号与开放引导信号分别试验。

15. 出站继电器条件检查

开放出站信号且发车进路最后一个区段占用时,CZJ 落下。当列车正常占用 1LQG(QGJ↓JLJ↓)且出清发车进路最后一个区段时,CZJ 励磁吸起并自闭。当 CZJ 因 1LQG 发生占用丢失后无法励磁时,通过按压 1LQG 的人解按压,CZJ 励磁吸起并自闭。试验时:

(1)开放出站信号,对应 CZJ 应保持吸起,模拟列车运行,压入发车进路最后一个区段时,CZJ 应落下;CZJ 落下后,人工占用 1LQG 但不出清发车进路最后一个区段,CZJ 应保持落下;人工占用 1LQG 且出清发车进路最后一个区段,CZJ 应吸起并自闭。

(2)开放出站信号,对应 CZJ 应保持吸起,模拟列车运行,压入发车进路最后一个区段,CZJ 应落下;CZJ 落下后,出清发车进路最后一个区段,但不占用 1LQG(相当于 1LQG 占用丢失)时,CZJ 应保持落下。此时按下 1LQG 的人工解锁按压,CZJ 应励磁吸起并自闭。

(3)未开放出站信号,人工占用发车进路最后一个区段,对应 CZJ 应保持吸起。

16. 关闭表示灯核对

按压 GBA 后,关闭表示灯显示红灯,拉出 GBA 后,关闭表示灯灭灯。

第二节　电子式逻辑检查联锁试验

一、试验适用范围

1. 新建、工程改造、大修、软件修改时，应对所有项目进行试验。
2. 更换人解按钮时应试验以下项目：
人解按钮及表示灯核对。
3. 更换报警铃时应试验以下项目：
占用丢失报警铃及切铃按钮试验。
4. 更换表示灯时应试验以下项目：
(1)区间轨道复示灯核对；
(2)关闭按钮及表示灯核对；
(3)主备通道试验及通信表示灯核对；
(4)正常工作表示灯核对。
5. 更换通信板时应试验以下项目：
主备通道试验及通信表示灯核对。
6. 更换驱采板时应试验以下项目：
采集、驱动对位检查试验。

二、试验注意事项

1. 试验人员携带车站平面图、区间平面图、设计说明等资料；
2. 区间综合监控系统软件变更参照联锁软件变更流程；
3. 软件变更时，根据区间综合监控系统启用功能，编制相应的联锁试验表格；
4. 软件变更前，需关注邻站区间综合监控系统软件版本与本站新区间综合监控系统软件版本应匹配。

三、联锁试验项目及方法

自动闭塞区间电子式逻辑检查联锁试验样表见附件31。
1. 正常占用条件检查
(1)逻辑状态为故障占用的闭塞分区，设备状态保持占用，且同时满足《铁路信号区间综合监控系统暂行技术条件》的6.1.1.3，逻辑状态为正常占用。试验时，人工置相邻后方闭塞分区为故障占用，再占用本闭塞分区，出清相邻后方闭塞分区，本闭塞分区应为正常占用状态。

（2）逻辑状态为空闲的闭塞分区，设备状态由空闲变为占用，且同时满足《铁路信号区间综合监控系统暂行技术条件》的6.1.1.4，逻辑状态为正常占用。试验时，人工置相邻后方闭塞分区正常占用，再占用本闭塞分区，本闭塞分区应为正常占用状态。当试验区段为1LQG时，先开放出站信号，人工模拟正常行车至占用发车进路最后一个区段，并顺序出清后方区段，再占用1LQG，1LQG应为正常占用状态。

（3）逻辑状态为正常占用的闭塞分区，设备状态保持占用时，逻辑状态为正常占用。

（4）逻辑状态为占用丢失的闭塞分区，设备状态由空闲变为占用，逻辑状态为正常占用。试验时，人工置本闭塞分区占用丢失，再占用本闭塞分区，本闭塞分区应为正常占用状态。

2. 故障占用条件检查

（1）逻辑状态为故障占用的闭塞分区，设备状态保持占用，不满足《铁路信号区间综合监控系统暂行技术条件》的6.1.1.3，逻辑状态为故障占用。试验时：①相邻后方闭塞分区空闲，占用本闭塞分区，本闭塞分区应为故障占用状态；当试验区段为1LQG时，开放出站信号，发车进路最后一个区段未占用，占用1LQG，1LQG应为故障占用状态。②置相邻后方闭塞分区为故障占用，占用本闭塞分区，本闭塞分区应为故障占用状态；当试验区段为1LQG时，不开放出站信号，占用发车进路最后一个区段，占用1LQG，1LQG应为故障占用状态。③置本闭塞分区为故障占用，再占用相邻后方的闭塞分区，本闭塞分区应为故障占用状态；当试验区段为1LQG时，开放出站信号，占用1LQG，再占用发车进路最后一个区段，1LQG应为故障占用状态。

（2）在1个SA内，当闭塞分区的逻辑状态判定为正常占用时，该闭塞分区后方与其不连续的所有原判定为正常占用的闭塞分区，其逻辑状态为故障占用。试验时，在一个SA内模拟列车连续三个闭塞分区正常占用，再出清中间闭塞分区，此时中间区段转为空闲，后方区段变为故障占用。

3. 占用丢失条件检查

（1）发车进路锁闭后，进路末区段由占用变为空闲，1LQ设备状态为空闲时,1LQ 逻辑状态为占用丢失。试验时:①开放出站信号,人工模拟正常行车至占用发车进路最后一个区段,并顺序出清后方区段,1LQ 不占用,再出清最末区段,发车进路最末区段为占用丢失状态,60 s 后 1LQ 占用丢失报警(此时报警灯闪烁);②开放出站信号,人工模拟正常行车至占用发车进路最后一个区段,并顺序出清后方区段,然后占用 1LQ,出清最末区段,再出清 1LQ,1LQ 状态应为占用丢失状态(此时报警灯亮稳定灯光)。

(2)逻辑状态为正常占用的闭塞分区(不含进站信号机外方第一个闭塞分区),设备状态由占用变为空闲,不满足《铁路信号区间综合监控系统暂行技术条件》的 6.1.1.6,逻辑状态为占用丢失。试验时:①置本闭塞分区为正常占用状态,不占用前方相邻闭塞分区,本闭塞分区出清,则本闭塞分区应为占用丢失状态;②置前方闭塞分区为故障占用状态,本闭塞分区为正常占用状态,本闭塞分区出清,则本闭塞分区应为占用丢失状态;③当前方闭塞分区与本闭塞分区不在同一 SA 内时,置前方闭塞分区为占用丢失状态(SA1),本闭塞分区为正常占用状态(SA2),本闭塞分区出清,则本闭塞分区应为占用丢失状态。

(3)逻辑状态为正常占用的闭塞分区(进站信号机外方第一个闭塞分区),不满足列车正常进站,设备状态由占用变为空闲,逻辑状态为占用丢失。试验时:①开放进站信号,置进站外方第一个闭塞分区为正常占用,进站内方第一区段未占用(进路内其他任意区段占用),出清进站外方第一个闭塞分区,进站外方第一个闭塞分区应为占用丢失状态;②不开放进站信号,置进站外方第一个闭塞分区为正常占用,占用进站内方第一区段,出清进站外方第一个闭塞分区,进站外方第一个闭塞分区应为占用丢失状态。

4. 空闲条件检查

(1)在 1 个 SA 内,当闭塞分区的逻辑状态判定为正常占用,该闭塞分区后方原判为占用丢失的闭塞分区,逻辑状态均为空闲。试验时,在 1 个 SA 内,人工置一个闭塞分区为占用丢失状态,在前方不连续的闭塞分区置一个闭塞分区正常占用,本闭塞分区应为空闲。

(2)闭塞分区设备状态由占用变为空闲且保持 3 s 以上,逻辑状态为空闲。试验时置本闭塞分区为故障占用状态,出清本闭塞分区,保持设备状态空闲 3 s 以上,本闭塞分区应为空闲状态;置本闭塞分区为正常占用状态,占用前方闭塞分区,出清本闭塞分区,本闭塞分区保持设备状态空闲 3 s 以上,本闭塞分区应为空闲状态。

（3）逻辑状态为正常占用的闭塞分区（不含进站信号机外方第一个闭塞分区），设备状态由占用变为空闲，满足《铁路信号区间综合监控系统暂行技术条件》的6.1.1.6，逻辑状态为空闲。试验时，在一个SA内置本闭塞分区为正常占用状态，正常占用前方相邻闭塞分区，本闭塞分区出清，本闭塞分区应为空闲状态。

（4）逻辑状态为正常占用的闭塞分区（进站信号机外方第一个闭塞分区），列车正常进站，设备状态由占用变为空闲，逻辑状态为空闲。试验时，置进站外方第一个闭塞分区为正常占用，开放进站信号，占用进站内方第一区段，再出清进站外方第一个闭塞分区，进站外方第一个闭塞分区应为空闲状态。

（5）逻辑状态为占用丢失的闭塞分区，辅助改方后，逻辑状态判定为空闲。试验时，置本闭塞分区为占用丢失状态，办理辅助改方，改方成功后，本闭塞分区应为空闲状态。

（6）逻辑状态为占用丢失的闭塞分区，在解锁盘上同时按压ZRJA按钮和对应区段的RJA按钮时，该闭塞分区逻辑状态由占用丢失变为空闲。试验时，人工置本闭塞分区为占用丢失状态，同时按压总人工解锁按钮和本闭塞分区人工解锁按钮并保持，该闭塞分区应为空闲状态。

5. 人解按钮及表示灯核对（RJA为自复式带铅封、带表示灯按钮，常态灭灯，RJA按下、或本区间GBA按下或开通反向时亮U灯）

按压总人工解锁按钮和人工解锁按钮时，总人工解锁按钮和对应人工解锁表示灯亮黄灯，松开按钮后表示灯灭灯。逻辑检查在开启状态下按压关闭按钮，其管辖的所有闭塞分区的人工解锁表示灯亮黄灯；逻辑检查在关闭状态下按压关闭按钮，其管辖的所有闭塞分区的人工解锁表示灯灭灯。连续两次按压关闭按钮时应至少间隔13 s，否则无效。每个关闭按钮分别按上述情况进行试验。

6. 按压关闭按钮相应区间所有防护继电器状态正确

车站所辖每条区间线路方向口设一个关闭按钮，用于关闭对应区间线路的逻辑检查功能。按压关闭按钮后，相应区间管辖所有闭塞分区的FHJ均保持落下或吸起（根据设计确定）。

（1）将区间闭塞分区置成空闲状态，按压对应区间线路的关闭按钮，该区间闭塞分区仍为空闲状态。

（2）将区间闭塞分区置成占用丢失状态，按压对应区间线路的关闭按钮，该区间闭塞分区转为空闲状态。

(3)将区间闭塞分区置成故障占用状态,按压对应区间线路的关闭按钮,该区间闭塞分区仍为占用状态。

(4)将区间闭塞分区置成正常占用状态,按压对应区间线路的关闭按钮,该区间闭塞分区转为占用状态。

7. 区间反向时所有防护继电器状态正确

人工将试验区间倒成反方向,该区间所有闭塞分区的 FHJ 状态正确(根据设计确定)。

8. 区间轨道复示灯核对

QGJ 励磁吸起时,区间轨道复示灯点绿灯。QGJ 落下时,区间轨道复示灯灭灯。

9. 轨道继电器(GJ)励磁条件检查

闭塞分区出现正常占用、故障占用、占用丢失时 GJ 均应落下,控制台显示红光带,防护信号机点红灯(当为 1LQG 时,则出站信号不能开放)。闭塞分区出现空闲时,GJ 应吸起。

(1)人工将闭塞分区置成正常占用状态时,闭塞分区 GJ 应落下,相应防护信号机点红灯。

(2)人工将闭塞分区置成故障占用状态时,闭塞分区 GJ 应落下,相应防护信号机点红灯。

(3)人工将闭塞分区置成占用丢失状态时,闭塞分区 GJ 应落下,相应防护信号机点红灯。

(4)人工将闭塞分区置成空闲状态时,闭塞分区 GJ 应吸起。

10. 正常行车试验

(1)发车试验:办理发车进路,信号开放后模拟正常行车至集中区邻站区段(需邻站占用区段配合),确认列车在闭塞分区均能正常占用并出清。

(2)接车试验:邻站分别将分界口区段置为正常占用、故障占用,同时办理接车进路,模拟正常行车至站内,确认 SA 应能从邻站延伸至本站且列车在闭塞分区均能正常占用并出清。

每个方向口均需试验正方向。

11. QJK 切系前后各闭塞分区逻辑状态保持不变

双系正常运行时,任一系主控,闭塞分区逻辑状态应保持不变。试验时,置闭塞分区状态分别为故障状态、正常状态、占用丢失、空闲状态(四种状态应分别试验),通过系统切换的钥匙开关进行人工强制切换,Ⅰ系和Ⅱ系分别主控时闭塞分区逻辑状态应保持不变。

12. QJK 切系前后 SA 分配保持不变

人工设置一 SA,通过系统切换的钥匙开关进行人工强制切换,Ⅰ系和Ⅱ系分别主控时该 SA 分配应保持不变。

13. 关闭按钮及表示灯核对(GBA 自复式带铅封、带表示灯按钮,常态灭灯,GBA 按下时亮 H 灯)

逻辑检查开启状态下,按压关闭按钮(GBA)后,关闭表示灯显示红灯;逻辑检查在关闭状态下,按压关闭按钮(GBA)后,关闭表示灯灭灯。

14. 主备通道试验及通信表示灯核对

(1)站与站:①通信板均开启,主备通道均正常,系统维护机上与邻站的通信指示灯应亮绿灯;②分别关闭通信板 1 和通信板 2,系统维护机上与邻站的通信指示灯应亮黄灯;③同时关闭通信板 1、2,系统维护机上与邻站的通信指示灯应亮红灯。

(2)QJK 机柜与人解盘:①分别关闭通信板 3 和通信板 4,本站人解盘上 COM 指示灯应黄灯闪烁;②同时关闭通信板 3、4,本站人解盘上 COM 指示灯灭灯。

(3)主站与中继站:①通信板均开启,主备通道均正常,主站和中继站系统维护机上与邻站的通信指示灯应亮绿灯;②分别关闭通信板 1 和通信板 2,主站和中继站系统维护机上与邻站的通信指示灯应亮黄灯;③同时关闭通信板 1、2,主站和中继站系统维护机上与邻站的通信指示灯应亮红灯。

(4)主站 QJK 机柜与远程人解盘:①分别关闭主站通信板 3 和通信板 4,主站的中继站远程人解盘上 COM 指示灯应黄灯闪烁;②同时关闭主站通信板 3、4,主站的中继站远程人解盘上 COM 指示灯灭灯。

15. 正常工作表示灯核对

系统正常工作时人解盘正常工作灯(RUN)应绿灯闪烁,分别关闭Ⅰ系和Ⅱ系,人解盘正常工作灯(RUN)应绿灯闪烁;同时关闭Ⅰ系和Ⅱ系,人解盘正常工作灯(RUN)应灭灯。

16. 人解盘授权按钮试验

主站的中继站远程人解盘与中继站人解盘设授权按钮(SQA)。操作权在主站,主站的中继站远程人解盘的控制灯亮稳定灯光,中继站人解盘的控制灯灯光闪烁,中继站无操作权;反之,中继站人解盘控制灯亮稳定灯光,主站的中继站远程人解盘控制灯灯光闪烁,说明操作权在中继站,主站无操作权。试验时:

(1)置主站的中继站远程人解盘主控,按下中继站远程人解盘授权按钮(SQA),中继站人解盘控制灯应亮稳定灯光,主站的中继站远程人解盘控制灯应灯光闪烁,中继站应可操作,主站应不能操作。再按下主站的中继站远程人解盘授权按钮(SQA),主站的中继站远程人解盘的控制灯应亮稳定灯光,中继站人解盘的控制灯应灯光闪烁,主站应可操作,中继站应不能操作。

(2)置主站的中继站远程人解盘主控,分别设置通道故障和人解盘故障,此时按下中继站人解盘授权按钮(SQA),中继站应可操作。(注意:试验完毕后应将操作权置于主站。)连续两次按压授权按钮(SQA)时,至少间隔13 s,否则无效。

17. 同一按钮13 s试验

13 s内连续按压同一按钮(授权按钮SQA、关闭按钮GBA、切换电铃按钮QLA),操作应无效;13 s后按压同一按钮,操作应有效。

18. 远程控制时,主站人解盘相关按钮控制功能试验

试验时,在主站操作模式下,试验主站的中继站远程盘各按钮功能正常。

19. 占用丢失报警铃及切换电铃按钮试验

(1)置本闭塞分区占用丢失连续60 s,报警电铃鸣响。按压切换电铃按钮后,电铃应静音。占用丢失恢复,电铃应由静音转为鸣响,再次按压切换电铃按钮,电铃应静音。

(2)置本闭塞分区占用丢失连续60 s,报警电铃鸣响。不按压切换电铃按钮,占用丢失恢复后,电铃应静音。连续两次按压切换铃声按钮(QLA)时,至少间隔13 s,否则无效。

20. 采集、驱动对位检查试验

试验方法及注意事项同第十一章第二节——采集/驱动对位检查联锁试验。

第十一章　其他联锁试验

其他联锁试验主要包括其他功能联锁试验，采集/驱动对位联锁试验，接近/离去表示灯核对联锁试验等。

第一节　其他功能联锁试验

一、试验适用范围

1. 更换联锁、控显工控机和软件时，应试验以下项目：

(1)分路不良设置试验；

(2)非常站控；

(3)标记窗功能；

(4)上电解锁；

(5)故障通知；

(6)各种表示灯核对；

(7)站场图型核对；

(8)控显机倒机试验；

(9)联锁机倒机试验；

(10)联锁表以外变通进路试验；

(11)各种光缆扩展口封闭检查；

(12)上电锁闭试验；

(13)报警及延时信息；

(14)无网区核对；

(15)设备文字显示正确；

(16)区段前后接点校核正确；

(17)站台表示信息。

2. 新建、工程改造、大修时，应对所有项目进行试验。

二、试验注意事项

1. 软件仿真试验前,需首先核对站场图型、无网区核对、各种表示灯、设备文字显示、站台表示信息等;

2. 软件仿真试验时,提前梳理联锁进路表外的变通进路;

3. 控显界面上显示的站场名应符合铁路局集团有限公司文件要求;

4. 试验过程中,应实时关注报警信息。

三、联锁试验项目及方法(以 DS6-K5B 型计算机联锁为例)

其他功能项目联锁试验样表见附件 32。

1. 分路不良设置试验

(1)点击分路不良按钮,在弹出的对话框中输入密码,再点击需设置分路不良的道岔区段道岔号码(无岔区段点击区段名称),弹出菜单后,在菜单中勾选需设置的项目,按下确定按钮,相应位置显示分路不良标识。

(2)取消分路不良设置,点击分路不良按钮,在弹出的对话框中输入密码,再点击需取消设置分路不良的道岔区段道岔号码(无岔区段点击区段名称),弹出菜单后,在菜单中取消勾选的项目,按下确定按钮,相应位置分路不良标识消失。

2. 非常站控

点击非常站控按钮,在弹出的对话框中输入密码,原自律模式应转为非常站控模式,控显界面上各类按钮应能正常使用。再次按压非常站控按钮,在弹出的对话框中输入密码,原非常站控模式应转为自律模式,控显界面上除非常站控按钮外各类按钮应不能使用。处于非常站控状态时,当站场界面内有按钮处于按下状态或信号按钮处于闪烁状态时,无法转为自律模式。

3. 标记窗功能

股道、进站口外方可以设置标记窗。

(1)标记窗设置,鼠标点击控制台标记窗按钮,标记窗按钮应显示按下状态,点击对应股道名称或进站口最外侧的接近区段图形上方,在弹出的对话框中输入相应信息,再点击确认。

(2)标记窗取消,鼠标点击控制台标记窗按钮,标记窗按钮应显示按下状态,点击对应股道名称或进站口最外侧的接近区段图形上方,在弹出的对话框中清除相应信息,再点击确认。

4. 上电解锁

联锁机双系重启后站场内所有道岔均在锁闭状态，点击上电解锁按钮，在弹出的对话框中输入密码，全站道岔应解锁，控显显示、操作正常。

5. 故障通知

点击故障通知按钮，在弹出的对话框中输入密码，故障通知按钮应显示按下状态，集中监测应有故障通知报警，再次按压故障通知按钮，在弹出的对话框中输入密码，故障通知按钮应显示弹出。

6. 各种表示灯核对

核对控显界面上各种表示灯显示含义与设计图纸、现场一致。

7. 站场图型核对

核对控显界面上的站场图型（道岔开通方向、信号机位置、绝缘节位置、侵限绝缘标识等）应与设计图纸、现场一致。

8. 联锁表以外变通进路试验

结合联锁图表，排列联锁表以外的列车变通进路应不能建立。

9. 控显机倒机试验

双系均在正常工作时，控显机应能相互倒换；某系故障时应能自动倒换至另外一系。试验时可重启主用 A 系，应能切换至 B 系主用，待 A 系重启完毕后，重启 B 系应能切换至 A 系主用。

10. 联锁机倒机试验

双系均在正常工作时，联锁机应能相互倒换；某系故障时应能自动倒换至另外一系。试验时可重启主用 A 系，应能切换至 B 系主用，待 A 系重启完毕后，重启 B 系应能切换至 A 系主用。

11. 电子终端单机工作试验

双机均在正常工作时，关闭任何一机，均不影响另一机正常使用。试验时可关闭一机，只留单机，电子终端应能正常工作；同样方法试验所有电子终端。

12. 各种光缆扩展口封闭检查

联锁机、控显机、维修机、协转等各类工控机、电子单元光驱、USB 口、光缆扩展口等应封闭。

13. 上电锁闭试验

联锁机双系重启后站场内道岔处于锁闭状态，控显界面上所有道岔应处在单锁状态。

14. 区段前后接点校核正确

试验时确认联锁驱采信息正确,联锁双系内部校核正确,控显及维修机无区段前后接点校核错误报警。人工模拟轨道区段前后接点同时采到,相应轨道区段应显示红光带,同时给出报警信息。

15. 报警及延时信息

试验时引导信号、总人解、接车辅助、发车辅助等各种延时信息应符合设计要求并在对应位置显示倒计时;挤岔报警、通信中断、灯丝报警、移频报警等各类报警信息在控制台正确显示。

16. 无网区核对

根据设计核对无网区显示信息正确。

17. 设备文字显示正确

控制台界面上安全线、机待线、方向口名称、站名等文字显示应与设计图纸、现场一致。

18. 站台表示信息

根据设计核对站台表示信息正确。

第二节　采集/驱动对位联锁试验

一、试验适用范围

1. 新建、工程改造、大修时,应对所有项目进行试验。
2. 更换联锁软件时,应对所有项目进行试验。

二、试验注意事项

1. 试验人员携带驱采对位图纸、计算机联锁设备码位信息表、设计说明等资料;

2. 部分采集继电器(如熔丝报警继电器、轨道停电监督继电器、提速报警继电器等),还需对报警条件进行检查试验;

3. 涉及驱采码位变化的改造施工,需核对新老驱采码位信息表。

三、联锁试验项目及方法

采集/驱动对位联锁试验样表见附件33。

1. 序号

第一行从 1 开始,顺序编号。

2. 设备名称

根据厂家提供的计算机联锁驱采信息表中对应的名称进行填写。

3. A 机采集核对(以 1 号道岔为例)

联锁 A 机单机工作状态下,1 号道岔操纵到定位,室内配合人员核对 1 号道岔 DBJ 在吸起状态,1 号道岔 FBJ 在落下状态,控制台核对 1 号道岔有定位表示,电务维修机中采集位置信息显示 1 号道岔 DBJ 在吸起状态,核对采集板相应位置灯点亮;1 号道岔操纵到反位,室内配合人员核对 1 号道岔 FBJ 在吸起状态,1 号道岔 DBJ 在落下状态,控制台核对 1 号道岔有反位表示,电务维修机中采集位置信息显示 1 号道岔 FBJ 在吸起状态,核对采集板相应位置灯点亮。

4. B 机采集核对(以 1 号道岔为例)

联锁 B 机单机工作状态下,其采集核对方法与 A 机采集核对方法相同。

5. A 机驱动核对(以 1 号道岔 DCJ 为例)

联锁 A 机单机工作状态下,1 号道岔道岔操纵定位,室内配合人员核对 1 号道岔 DCJ 吸起,电务维修机中驱动信息显示 1 号道岔 DCJ 驱动,核对驱动板相应位置灯点亮。

6. B 机驱动核对(以 1 号道岔 DCJ 为例)

联锁 B 机单机工作状态下,其驱动核对方法与 A 机驱动核对方法相同。

7. 位置

核对联锁厂家提供的码位表与设计图纸位置一致。

8. 配线核对

接口架配线与设计图纸一致。

9. 线间绝缘

断开联锁机柜内驱采电缆线插头和接口架侧配线,测试任意一芯线与该缆其他所有芯线间绝缘应大于 20 MΩ(使用兆欧表测试)。

第三节　接近/离去表示核对联锁试验

一、试验适用范围

新建、工程改造、大修时,应对所有项目进行试验。

二、试验注意事项

1. 接近、离去表示方式应符合相应规范，并征求使用部门的意见；

2. 接近、离去表示含义在正反向时可能存在不同；

3. 接近、离去表示由邻站条件构成时，试验时应根据设计原理图逐一试验。

三、联锁试验项目及方法

接近/离去表示核对联锁试验样表见附件34。

1. 进站信号机

按逐个进站口核对正反向接近、离去表示显示是否正确。

2. 接近表示

既有线四显示自动闭塞区段正向进站信号机外方一般设置1JG、2JG、3JG共三个接近区段。反向运行时按站间闭塞处理，反向进站信号机只设一个接近区段，根据制动距离计算，当一离去闭塞分区的长度不能满足制动距离需要时，延长至二离去区段作为反向接近区段。高速铁路根据运行速度等级计算接近区段长度，设置相应接近区段表示。

试验时逐个占用接近区段轨道电路(分割轨道电路应分别单独占用)，核对控制台表示是否与实际占用区段相对应。

3. 离去表示

试验时逐个占用离去区段轨道电路(分割轨道电路应分别单独占用)，核对控制台表示是否与实际占用区段相对应。

附件 1 信号联锁电路检查联锁试验表

信号联锁电路检查联锁试验表

站名：　　　　　　　　主持试验人：　　　　　　　　试验日期：

进路号码	进路始端	进路变通	进路终端	正常开放信号	道岔位置不对不能开放信号	道岔无表示关闭信号	区段占用不能开放信号	带动道岔	防护道岔	信号开放后锁闭道岔	敌对信号	敌对照查	随时关闭信号	接近锁闭及区段核对	取消进路解锁	人工延时解锁	区段人工解锁	防止自动重复开放信号	进路正常解锁	局部控制	进路表示器	调车中途返回解锁	自闭离去区段占用或区间空闲检查	半自动闭塞（自动站间闭塞）	引导信号	机务段同意	侵限绝缘条件	6‰下坡道	到发线出岔	非进路调车	其他联系电路	防止迎面解锁	全站轨道停电恢复	信号非正常关闭报警	道口通知及遮断试验	调车白灯保留检查	改变运行方向	排列长调车进路	备注
1	2	3	4	5	6	7	8	9	10	11	12	13	14	15	16	17	18	19	20	21	22	23	24	25	26	27	28	29	30	31	32	33	34	35	36	37	38	39	40

注："√"表示正确；"×"表示错误；"△"表示无此条件；"＊"表示有此条件，但本次不需试验。

附件 2　信号联锁电路检查（C2/C3）联锁试验表

信号联锁电路检查（C2/C3）联锁试验表

站名：　　　　主持试验人：　　　　日期：

进路号码	进路始端	进路变通	进路终端	点灯状态下办理正反向发车进路（含引导）检查区间所有区段空闲	灭灯状态下办理反向发车进路（含引导）检查区间所有区段空闲	灭灯状态下办理正向引导发车进路不检查区间一离去条件	引导总锁时不能开放引导信号	停稳计时（40 s）	站间闭塞状态下办理发车进路连续检查区间空闲13 s	未办理进路能改变点灯状态	进路办理好后不能改变相应信号机的点灯状态	点灯状态进路正常解锁时红灯灭、留时机	点灯状态向股道接车（含引导）或调车时出站红灯应自动点亮	点灯状态下进站信号机开放信号检查出站信号机红灯灯丝（不含引导及调车）	点灯状态股道进行列车或调车折返作业时，进路解锁且股道空闲后原点亮的出站信号机应自动灭灯	点灯状态正线进（出）站信号机红灯灭灯时不能开放信号	点灯状态时，允许灯光断丝转点禁止灯光检查	临时限速降级信号显示	落物试验		备注
1	2	3	4	5	6	7	8	9	10	11	12	13	14	15	16	17	18	19	20	21	22

注：“√”表示正确；“×”表示错误；“△”表示无此条件；“＊”表示有此条件，但本次不需试验。

附件 3　列车进路接近锁闭联锁试验表

列车进路接近锁闭联锁试验表

站名：　　　　　　　　　主持试验人：　　　　　　　　　日期：

序号	信号机名称	一接近	二接近	三接近	四接近	五接近	六接近	七接近	八接近	九接近	十接近	正线出站信号机接近延长试验	弯进弯出或弯进直出时发车进路接近区段延长至进站内方		备注	试验者
1	2	3	4	5	6	7	8	9	10	11	12	13	14	15	16	17

注：“/”上方打“○”表示应试项目；下方记录结果：“√”表示正确，“×”表示错误。

附件4　到发线出岔联锁试验表

到发线出岔联锁试验表

站名：　　　　　　　　主持试验人：　　　　　　　　试验日期：

中岔号码	进路号码	正常开放信号	带动道岔	锁闭中岔	中岔位置不对不能开放信号	取消或人工解锁	发车正常解锁	股道留车发车	接车未占用中岔解锁	接车压留中岔解锁	接车出清中岔解锁	停电恢复故障解锁	备注	试验者
1	2	3	4	5	6	7	8	9	10	11	12	13	14	15

注："/"上方打"○"表示应试项目；下方记录结果："√"表示正确，"×"表示错误。

附件 5　延续进路联锁试验表

延续进路联锁试验表

站名：　　　　　　　　　　主持试验人：　　　　　　　　　　试验日期：

进路名称	正常排列延续进路	延续进路未排列进站信号不能开放	信号开放后延续进路上道岔锁闭	道岔位置不对延续进路不能排列	延续进路区段占用进路不能排列	延续进路敌对信号	接车进路未锁闭延续进路不锁闭	正常接车延续进路3 min解锁	正常接车延续进路坡道解锁立即解锁	取消解锁	人工解锁	办理延续进路的出发信号：列车接近时	办理延续进路的出发信号：列车压入进路内方第一区段	办理延续进路的出发信号：列车压入股道时	有重叠进路双方向同时平行同向接车	备注	试验者
1	2	3	4	5	6	7	8	9	10	11	12	13	14	15	16	17	18
	/	/	/	/	/	/	/	/	/	/	/	/	/	/	/		
	/	/	/	/	/	/	/	/	/	/	/	/	/	/	/		
	/	/	/	/	/	/	/	/	/	/	/	/	/	/	/		
	/	/	/	/	/	/	/	/	/	/	/	/	/	/	/		
	/	/	/	/	/	/	/	/	/	/	/	/	/	/	/		
	/	/	/	/	/	/	/	/	/	/	/	/	/	/	/		
	/	/	/	/	/	/	/	/	/	/	/	/	/	/	/		
	/	/	/	/	/	/	/	/	/	/	/	/	/	/	/		
	/	/	/	/	/	/	/	/	/	/	/	/	/	/	/		
	/	/	/	/	/	/	/	/	/	/	/	/	/	/	/		
	/	/	/	/	/	/	/	/	/	/	/	/	/	/	/		
	/	/	/	/	/	/	/	/	/	/	/	/	/	/	/		
	/	/	/	/	/	/	/	/	/	/	/	/	/	/	/		
	/	/	/	/	/	/	/	/	/	/	/	/	/	/	/		

注：“/”上方打“○”表示应试项目；下方记录结果：“√”表示正确，“×”表示错误。

附件 6　非进路调车联锁试验表

非进路调车联锁试验表

站名：　　　　主持试验人：　　　　试验日期：

进路名称	开通进路有关信号开放	带动道岔	进路开通锁闭道岔	道岔位置不对不能开放	轨道区段占用不能开放	敌对信号	正常调车不关闭信号	取消进路经 30 s 解锁	区段占用不能解锁	区段故障人工解锁	侵限绝缘检查	备注	试验者
1	2	3	4	5	6	7	8	9	10	11	12	13	14

注：“/”上方打“○”表示应试项目；下方记录结果：“√”表示正确，“×”表示错误。

附件 7　电动道岔联锁试验表

电动道岔联锁试验表

站名：　　　　　　　　主持试验人：　　　　　　　　试验日期：

道岔号码	核对位置		断表示接点						断移位接触器		4 mm、6 mm、10mm试验		道岔被阻后转换试验		断遮断器		断启动保险道岔不能扳动		2DQJ、D(F)BJ及道岔表示一致		断表示器的表示接点		道岔锁闭				道岔自闭电路试验	道岔间互锁	挤岔断表示报警	末端二极管核对	多机牵引总表示及双断检查	断表示保险试验	动作限时保护试验	道岔区段前接点接入启动电路	试验者
	定位	反位	定位			反位			定位	反位	定位	反位	定位	反位	定位	反位	定位	反位	定位	反位	定位	反位	单独	区段	进路	引导总锁闭									
			Ⅰ	Ⅱ	Ⅲ	Ⅰ	Ⅱ	Ⅲ																											
1	2	3	4	5	6	7	8	9	10	11	12	13	14	15	16	17	18	19	20	21	22	23	24	25	26	27	28	29	30	31	32	33	34	35	36
	/	/	/	/	/	/	/	/	/	/	/	/	/	/	/	/	/	/	/	/	/	/	/	/	/	/	/	/	/	/	/	/	/	/	
	/	/	/	/	/	/	/	/	/	/	/	/	/	/	/	/	/	/	/	/	/	/	/	/	/	/	/	/	/	/	/	/	/	/	
	/	/	/	/	/	/	/	/	/	/	/	/	/	/	/	/	/	/	/	/	/	/	/	/	/	/	/	/	/	/	/	/	/	/	
	/	/	/	/	/	/	/	/	/	/	/	/	/	/	/	/	/	/	/	/	/	/	/	/	/	/	/	/	/	/	/	/	/	/	
	/	/	/	/	/	/	/	/	/	/	/	/	/	/	/	/	/	/	/	/	/	/	/	/	/	/	/	/	/	/	/	/	/	/	
	/	/	/	/	/	/	/	/	/	/	/	/	/	/	/	/	/	/	/	/	/	/	/	/	/	/	/	/	/	/	/	/	/	/	
	/	/	/	/	/	/	/	/	/	/	/	/	/	/	/	/	/	/	/	/	/	/	/	/	/	/	/	/	/	/	/	/	/	/	
	/	/	/	/	/	/	/	/	/	/	/	/	/	/	/	/	/	/	/	/	/	/	/	/	/	/	/	/	/	/	/	/	/	/	
	/	/	/	/	/	/	/	/	/	/	/	/	/	/	/	/	/	/	/	/	/	/	/	/	/	/	/	/	/	/	/	/	/	/	
	/	/	/	/	/	/	/	/	/	/	/	/	/	/	/	/	/	/	/	/	/	/	/	/	/	/	/	/	/	/	/	/	/	/	
	/	/	/	/	/	/	/	/	/	/	/	/	/	/	/	/	/	/	/	/	/	/	/	/	/	/	/	/	/	/	/	/	/	/	
	/	/	/	/	/	/	/	/	/	/	/	/	/	/	/	/	/	/	/	/	/	/	/	/	/	/	/	/	/	/	/	/	/	/	
	/	/	/	/	/	/	/	/	/	/	/	/	/	/	/	/	/	/	/	/	/	/	/	/	/	/	/	/	/	/	/	/	/	/	
	/	/	/	/	/	/	/	/	/	/	/	/	/	/	/	/	/	/	/	/	/	/	/	/	/	/	/	/	/	/	/	/	/	/	

注：“/”上方打“○”表示应试项目；下方记录结果：“√”表示正确，“×”表示错误。

附件 8　分动外锁闭道岔联锁试验表

分动外锁闭道岔联锁试验表

站名：　　　　　　　　　　　　　　　　主持试验人：　　　　　　　　　　　　　　　　日期：

道岔号码	核对位置		断表示接点								断相保护			4 mm试验		5 mm、6 mm、10 mm试验		2DQJ、D(F)BJ及道岔表示一致		道岔锁闭				断遮断器		多机牵引总保护	多机牵引总表示及双断检查	道岔自闭电路试验	道岔间互锁	挤岔断表示报警	13s、30s切断	密贴检查器断表示接点								断表示保险试验	下拉装置试验	道岔区段前接点接入启动电路	道岔被阻后转换试验	DKJ、DWJ、FWJ试验	副机不到位主机不停转	试验者
	定位	反位	定位				反位				A	B	C	定位	反位	定位	反位	定位	反位	单独	区段	进路	引导总锁闭	定位	反位							定位密贴		定位斥离		反位密贴		反位斥离								
			Ⅰ	Ⅱ	Ⅲ	Ⅳ	Ⅰ	Ⅱ	Ⅲ	Ⅳ																						Ⅰ	Ⅱ	Ⅰ	Ⅱ	Ⅰ	Ⅱ	Ⅰ	Ⅱ							
1	2	3	4	5	6	7	8	9	10	11	12	13	14	15	16	17	18	19	20	21	22	23	24	25	26	27	28	29	30	31	32	33	34	35	36	37	38	39	40	41	42	43	44	45	46	47

注：“/”上方打“○”表示应试项目；下方记录结果：“√”表示正确，“×”表示错误。

附件9　道岔功能联锁试验表

道岔功能联锁试验表

站名：　　　　　　　　主持试验人：　　　　　　　　试验日期：

序号	设备名称	总定	总反	单锁	单解	岔封	岔解	总锁	尖轨故障	心轨故障	备注	试验者

注："√"表示正确；"×"表示错误；"△"表示无此条件；"＊"表示有此条件，但本次不需试验。

附件 10　信号机联锁试验表

信号机联锁试验表

站名：　　　　　　　　　　　　　　主持试验人：　　　　　试验日期：

信号机名称	安装位置及显示方向核对	灯位及显示核对										主副丝(灯泡)转换						断丝表示						进路表示器核对	灯光转移	红灯断丝不能开放信号	侧线出站红灯断丝能开放信号	断路器作用试验	同名端核对	备注	试验者
		H	U	UU	U闪U	LU	L	LL	HB	A	B	1U	L	H	2U	B	A	1U	L	H	2U	B	A								
1	2	3	4	5	6	7	8	9	10	11	12	13	14	15	16	17	18	19	20	21	22	23	24	25	26	27	28	29	30	31	32

注："/"上方打"○"表示应试项目；下方记录结果："√"表示正确，"×"表示错误。

附件 11　信号机功能联锁试验表

信号机功能联锁试验表

站名：　　　　　　　　　　　　主持试验人：　　　　　　　　　日期：

序号	设备名称	点灯	灭灯	钮封	钮解	封闭信号机是否有效	备注	试验者

注："√"表示正确；"×"表示错误；"△"表示无此条件；"＊"表示有此条件，但本次不需试验。

附件 12 轨道电路联锁试验表

轨道电路联锁试验表

站名： 主持试验人： 日期：

轨道区段名称	区段核对					极性交叉					分路残压										绝缘节侵限检查			备注	试验者
	一送一受	一送多受				一送一受	一送多受				一送一受	一送多受													
		多1	多2	多3			多1	多2	多3			多1	多2	多3											
1	2	3	4	5	6	7	8	9	10	11	12	13	14	15	16	17	18	19	20	21	22	23	24	25	26

注：“/”上方打“○”表示应试项目；下方记录结果：“√”表示正确，“×”表示错误。

附件 13　高速铁路站内 ZPW-2000 系列轨道电路联锁试验表

高速铁路站内 ZPW-2000 系列轨道电路联锁试验表

站名：　　　　　　　　　　　　主持试验人：　　　　　　　　　　日期：

区段名称									
区段核对		正向	正向	正向	正向	正向	正向	正向	正向
		反向	反向	反向	反向	反向	反向	反向	反向
发送器故障报警		主机	主机	主机	主机	主机	主机	主机	主机
		备机	备机	备机	备机	备机	备机	备机	备机
发送电平级核对	主机								
	备机								
接收器故障报警		主机	主机	主机	主机	主机	主机	主机	主机
		并机	并机	并机	并机	并机	并机	并机	并机
接收电平级核对									
接收器主并机倒换									
分路残压	正向								
	反向								
送受电端设置位置核对									
绝缘节侵限检查									
试验人									

注：1. 区段核对包含分支核对。

2. “/”上方打“○”表示应试项目；下方记录结果：“√”表示正确，“×”表示错误。

3. 其他如轨道电压等测试值记录在电气特性测试本内。

附件 14　高速铁路站内 ZPW-2000 系列联锁试验表

高速铁路站内 ZPW-2000 系列联锁试验表

站名:　　　　运行方向:"←"　　　　进路:　　　　主持试验人:　　　　日期:

	载频配置													
	载频核对		/		/		/		/		/		/	
低频信息及信号机显示	前方信号显示或低频码		区段名称											
	L(L5)	/		/		/		/		/		/		/
	L(L4)	/		/		/		/		/		/		/
	L(L3)	/		/		/		/		/		/		/
	L(L2)	/		/		/		/		/		/		/
	L	/		/		/		/		/		/		/
	LU	/		/		/		/		/		/		/
	U	/		/		/		/		/		/		/
	UU	/		/		/		/		/		/		/
	U2	/		/		/		/		/		/		/
	USU	/		/		/		/		/		/		/
	U2S	/		/		/		/		/		/		/
	HB	/		/		/		/		/		/		/
	HU	/		/		/		/		/		/		/
	占用后方区段发送检测码		占用		27.9	/	占用		27.9	/	占用		27.9	/
					占用		27.9	/	占用		27.9	/	占用	
	所有弯出进路码序一致性核对		/											
	进路未排列		27.9	/	27.9	/	27.9	/	27.9	/	27.9	/	27.9	/
	信号故障关闭		27.9	/	27.9	/	27.9	/	27.9	/	27.9	/	27.9	/
	列控主并机关机		27.9	/	27.9	/	27.9	/	27.9	/	27.9	/	27.9	/
	异物侵限出红发红码		29	/	29	/	29	/	29	/	29	/	29	/
FQJ 位置核对			/		/		/		/		/		/	
主、备机转换及一致性试验			/		/		/		/		/		/	
维护终端核对			/		/		/		/		/		/	
试验人														

注:1. 测试低频信息时,发送和接收必须同时测试。

2. 需测试及试验的项目,在带"/"的上方打"○",无此条件用"△"表示,"*"表示有此条件,但本次不需试验。

3. FQJ 核对包括股道由 2 个区段组成,占用区段后方方向切换。

4. 占用后区段方发送检测码包括股道由 2 个区段组成。

附件 15　站内移频电码化联锁试验表

站内移频电码化联锁试验表

站名：　　　　　　　　　　主持试验人：　　　　　　　　　　试验日期：

名称	站内电码化																			双机(N+1)转换及一致性试验	发送故障报警	切码时机及发码恢复	中岔调号开放是否切码	继电编码发车口与列控控制1LQ码序一致性核对(区间红灯转移时)	备注	试验者
	移频频率	低频频率													站内发码											
		HU	HB	UU	U2	UUS	U2S	U	LU	L	L2	L3	JC	ZP	预叠加发码	发码顺序核对	各区段发码方向核对	闭环检测	直进直出转频码检查							
1	2	3	4	5	6	7	8	9	10	11	12	13	14	15	16	17	18	19	20	21	22	23	24	25	26	27

注：“/”上方打“○”表示应试项目；下方记录结果：“√”表示正确，“×”表示错误。

附件 16(1)　ZPW-2000 系列站内轨道电路升/降级码序联锁试验表(1)

ZPW-2000 系列站内轨道电路升级码序联锁试验表

站名：　　　　进路名称：　　　　主持试验人：　　　　日期：

区段名称	低频码及相应升级码序																						备注	试验者
	HU(26.8)→U(16.9)	HU(26.8)→U2(14.7)	HU(26.8)→UUS(19.1)	HU(26.8)→U2S(20.2)	HU(26.8)→LU(13.6)	HU(26.8)→L1(11.4)	HU(26.8)→L2(12.5)	HU(26.8)→L3(10.3)	HU(26.8)→L4(23.5)	HU(26.8)→L5(21.3)	U(16.9)→LU(13.6)	U(16.9)→U2(14.7)	U2(14.7)→U2S(20.2)	LU(13.6)→L1(11.4)	L1(11.4)→L2(12.5)	L2(12.5)→L3(10.3)	L3(10.3)→L4(23.5)	L4(23.5)→L5(21.3)	HU(26.8)→HB(24.6)	UU(18)→UUS(19.1)					
1	2	3	4	5	6	7	8	9	10	11	12	13	14	15	16	17	18	19	20	21	22	23	24	25	26

注："/"上方打"○"表示应试项目;下方记录结果："√"表示正确,"×"表示错误。

附件 16(2)　ZPW-2000 系列站内轨道电路升/降级码序联锁试验表(2)

ZPW-2000 系列站内轨道电路降级码序联锁试验表

站名：　　　　　　进路名称：　　　　　　主持试验人：　　　　　　日期：

区段名称	低频码及相应降级码序																							备注	试验者
	U(16.9)→HU(26.8)	U2(14.7)→HU(26.8)	UUS(19.1)→HU(26.8)	U2S(20.2)→HU(26.8)	LU(13.6)→HU(26.8)	L1(11.4)→HU(26.8)	L2(12.5)→HU(26.8)	L3(10.3)→HU(26.8)	L4(23.5)→HU(26.8)	L5(21.3)→HU(26.8)	LU(13.6)→U(16.9)	U2(14.7)→U(16.9)	U2S(20.2)→U2(14.7)	L1(11.4)→LU(13.6)	L2(12.5)→L1(11.4)	L3(10.3)→L2(12.5)	L4(23.5)→L3(10.3)	L5(21.3)→L4(23.5)	HB(24.6)→HU(26.8)	UUS(19.1)→UU(18)					
1	2	3	4	5	6	7	8	9	10	11	12	13	14	15	16	17	18	19	20	21	22	23	24	25	26
	/	/	/	/	/	/	/	/	/	/	/	/	/	/	/	/	/	/	/	/	/	/	/	/	
	/	/	/	/	/	/	/	/	/	/	/	/	/	/	/	/	/	/	/	/	/	/	/	/	
	/	/	/	/	/	/	/	/	/	/	/	/	/	/	/	/	/	/	/	/	/	/	/	/	
	/	/	/	/	/	/	/	/	/	/	/	/	/	/	/	/	/	/	/	/	/	/	/	/	
	/	/	/	/	/	/	/	/	/	/	/	/	/	/	/	/	/	/	/	/	/	/	/	/	
	/	/	/	/	/	/	/	/	/	/	/	/	/	/	/	/	/	/	/	/	/	/	/	/	
	/	/	/	/	/	/	/	/	/	/	/	/	/	/	/	/	/	/	/	/	/	/	/	/	
	/	/	/	/	/	/	/	/	/	/	/	/	/	/	/	/	/	/	/	/	/	/	/	/	
	/	/	/	/	/	/	/	/	/	/	/	/	/	/	/	/	/	/	/	/	/	/	/	/	
	/	/	/	/	/	/	/	/	/	/	/	/	/	/	/	/	/	/	/	/	/	/	/	/	
	/	/	/	/	/	/	/	/	/	/	/	/	/	/	/	/	/	/	/	/	/	/	/	/	
	/	/	/	/	/	/	/	/	/	/	/	/	/	/	/	/	/	/	/	/	/	/	/	/	
	/	/	/	/	/	/	/	/	/	/	/	/	/	/	/	/	/	/	/	/	/	/	/	/	

注：“/”上方打“○”表示应试项目；下方记录结果：“√”表示正确，“×”表示错误。

附件 17(1)　自动站间闭塞电路联锁试验表(1)

自动站间闭塞电路联锁试验表(1)

站名:　　　　　　　　主持试验人:　　　　　　　　试验日期:

接发车进路名称			正常办理						转为半自动闭塞办理					故障复原办理									
进路始端	进路终端	自动站间闭塞首次办理	办理发车	同意发车	列车出发	列车在区间运行	列车到达	取消复原办理	办理发出	同意发车	列车出发	列车在区间运行	列车到达	发车站取得发车权,一度停电恢复	区间空闲,一站一度停电恢复	区间空闲,两站一度停电恢复	停电后恢复供电时,甲乙两站在人工复原前不能办理发车进路	区间设备故障修复,由半自动闭塞恢复为自动站间闭塞运行	区间设备故障转为半自动闭塞办理	区间占用,甲乙两站均不能办理闭塞开放信号	甲站开放出站信号,乙站不能向同一区间开放出站信号	备注	试验人员
1	2	3	4	5	6	7	8	9	10	11	12	13	14	15	16	17	18	19	20	21	22	23	24
	/	/	/	/	/	/	/	/	/	/	/	/	/	/	/	/	/	/	/	/	/		
	/	/	/	/	/	/	/	/	/	/	/	/	/	/	/	/	/	/	/	/	/		
	/	/	/	/	/	/	/	/	/	/	/	/	/	/	/	/	/	/	/	/	/		
	/	/	/	/	/	/	/	/	/	/	/	/	/	/	/	/	/	/	/	/	/		
	/	/	/	/	/	/	/	/	/	/	/	/	/	/	/	/	/	/	/	/	/		
	/	/	/	/	/	/	/	/	/	/	/	/	/	/	/	/	/	/	/	/	/		
	/	/	/	/	/	/	/	/	/	/	/	/	/	/	/	/	/	/	/	/	/		

注:“/”上方打“○”表示应试项目;下方记录结果:“√”表示正确,“×”表示错误。

附件 17(2)　自动站间闭塞电路联锁试验表(2)

自动站间闭塞电路联锁试验表(2)

站名：　　　　　　　　主持试验人：　　　　　　　　试验日期：

序号	闭塞类型	接、发车站正常办理及各种表示显示正确	未办妥闭塞，办理发车进路时，进路能锁闭但信号不能开放	发车站闭塞区段轨道电路故障，闭塞不能办理	发车信号开放后，发车站轨道电路故障，发车信号立即关闭，接车站接车表示灯和发车站发车表示灯亮红灯，故障恢复时，闭塞应不能自动复原，须由发车站经人工办理事故复原	发车站列车出发后，接车站闭塞轨道电路故障，闭塞不能自动复原，需由接车站办理事故复原	引导接车时，需由接车站采用事故复原办法办理复原	发车站办理取消时，应先取消发车进路再办理取消闭塞手续	办理闭塞并在列车出发后，接车站在列车未到达时不能办理闭塞复原	办理闭塞后，如未办理发车进路，发车站可利用发车闭塞轨道电路进行调车	闭塞办理完毕，接车站不允许向同一区间开放出站信号	备注	试验人员
1	2	3	4	5	6	7	8	9	10	11	12	13	14

注：“/”上方打“○”表示应试项目；下方记录结果：“√”表示正确，“×”表示错误。

附件 18　半自动闭塞电路联锁试验表

半自动闭塞电路联锁试验表

站名：　　　　　　　　　　　　主持试验人：　　　　　　　　　　　　试验日期：

序号	闭塞类型	正常办理					取消复原办理	故障复原办理				接、发车站正常办理及各种表示显示正确	未办妥闭塞，办理发车进路时，进路能锁闭但信号不能开放	发车站闭塞区段轨道电路故障闭塞不能办理	发车信号开放后，发车站轨道电路故障，接车站接车表示灯和发车站发车表示灯亮红灯，故障恢复时，闭塞应不能自动复原，须由发车站办理事故复原	发车站列车出发后，接车站闭塞轨道电路故障，闭塞不能自动复原，需由接车站办理事故复原	引导接车时，需由接车站采用事故复原办法办理复原	发车站办理取消时，应先取消发车进路再办理取消闭塞手续	办理闭塞并在列车出发后，接车站在列车未到达时不能办理闭塞复原	办理闭塞后，如未办理发车进路，发车站可利用发车闭塞轨道电路进行调车	闭塞办理完毕，车站不允许向同一区间开放出站信号	邻站发车有“邻站开出”的语音提示或响铃正确	备注	试验人员
		办理发车	同意发车	列车出发	列车在区间运行	列车到达		发车站取得发车权，一度停电恢复	区间空闲，一站一度停电恢复	区间空闲，两站一度停电恢复	停电后恢复供电时，甲乙两站在人工复原前不能办理发车进路													
1	2	3	4	5	6	7	8	9	10	11	12	13	14	15	16	17	18	19	20	21	22	23	24	25

注：“/”上方打“○”表示应试项目；下方记录结果：“√”表示正确，“×”表示错误。

附件 19　高速铁路 ZPW-2000 系列移频自动闭塞联锁试验表

高速铁路 ZPW-2000 系列移频自动闭塞联锁试验表

站名：　　　　运行方向：“←”　　　　区间：　　　　主持试验人：　　　　日期：

信号机(标志牌)																			
载频配置																			
载频核对																			
	前方信号显示或低频码	区段名称																	
低频信息及信号机显示	L(L5)																		
	L(L4)																		
	L(L3)																		
	L(L2)																		
	L																		
	LU																		
	U																		
	UU																		
	U2																		
	USU																		
	U2S																		
	HB																		
	HU																		
	H 灯灭灯																		
	占用																		
		占用																	
			占用																
				占用															
					占用														

续上表

前方信号显示或低频码		区段名称																	
低频信息及信号机显示						占用													
							占用												
								占用											
									占用										
										占用									
											占用								
												占用							
													占用						
														占用					
															占用				
																占用			
																	占用		
																		占用	
																			占用
列控主并机关机		27.9	27.9	27.9	27.9	27.9	27.9	27.9	27.9	27.9	27.9	27.9	27.9	27.9	27.9	27.9	27.9	27.9	27.9
异物侵限出红发红码		29	29	29	29	29	29	29	29	29	29	29	29	29	29	29	29	29	29
所有弯进进路码序一致性核对																			
发送器故障报警		主机	主机	主机	主机	主机	主机	主机	主机	主机	主机	主机	主机	主机	主机	主机	主机	主机	主机
		备机	备机	备机	备机	备机	备机	备机	备机	备机	备机	备机	备机	备机	备机	备机	备机	备机	备机
发送电平级核对	主机																		
	备机																		
接收器故障报警		主机	主机	主机	主机	主机	主机	主机	主机	主机	主机	主机	主机	主机	主机	主机	主机	主机	主机
		并机	并机	并机	并机	并机	并机	并机	并机	并机	并机	并机	并机	并机	并机	并机	并机	并机	并机
接收电平级核对																			
接收器主并机倒换																			

续上表

发送、接收端设置正确																				
区段核对																				
维护终端码序核对																				
分路残压测试																				
主、备机转换及一致性试验																				
试验人																				

注：1. 测试低频信息时，发送和接收必须同时测试。

2. 需测试及试验的项目，在带"/"的上方打"○"，无此条件用"△"表示，下方记录试验结果。

3. 在表中应注明站间分割点。

附件 20　移频自动闭塞联锁试验表

移频自动闭塞联锁试验表

站名:　　　　　运行方向:　　　　　　　　　　主持试验人:　　　　　　　　　　试验日期:

轨道区段名称	载频(Hz)	频率																			信号机									发送、接收故障报警	主轨区段核对	小轨区段核对	残压测试	双机(N+1)转换及一致性试验	发送、接收端设置核对	进站口分割点核查	反向分割点核查	备注	试验者
		发送															接收				灯位显示核对				主副丝转换及报警	灯光转移													
		发送移频	信号显示与低频核对														低频		移频																				
			JC	HU	HB	UU	UUS	U	U2	U2S	LU	L	L2	L3	L4	L5	主机	并机	主机	并机	H	U	LU	L		H	U	LU	L										
1	2	3	4	5	6	7	8	9	10	11	12	13	14	15	16	17	18	19	20	21	22	23	24	25	26	27	28	29	30	31	32	33	34	35	36	37	38	39	40

注:“/”上方打“○”表示应试项目;下方记录结果:“√”表示正确,“×”表示错误。

附件 21　改变运行方向联锁试验表

改变运行方向联锁试验表

站名：　　　　　　　　　　主持试验人：　　　　　　　　　　日期：

方向口	正常改方							辅助改方				辅助改方后开放出站试验			列车运行方向表示	区间占用表示	方向回路总电阻RF	监督回路总电阻RJ	本站方向继电器端电压	方向电路供电电压	本站监督继电器端电压	监督电路供电电压	备注	试验者
	未按允许改方按钮反向发车不能改方	按压允许改方按钮后办理反向发车进路自动改方	改方后办理正向发车恢复正方向	原发车站有发车进路不能改方	无配线车站有接发车进路不能改方	区间占用不能正常改方	办理非列车进路不能改方	区间空闲不能进行辅助改方	存在发车进路不能辅助改方	无配线车站有接发车进路不能辅助改方	区间轨道电路故障时办理辅助改方	监督电路故障不能开放	监督电路良好能开放	列车发车后发车站辅助灯灭灯										
1	2	3	4	5	6	7	8	9	10	11	12	13	14	15	16	17	18	19	20	21	22	23	24	25

注：“/”上方打“○”表示应试项目；下方记录结果：“√”表示正确，“×”表示错误。

附件 22　列控改变运行方向联锁试验表

列控改变运行方向联锁试验表

站名：　　　　　　　　　　主持试验人：　　　　　　　　　　日期：

方向口	正常改方									辅助改方				辅助改方后开放出站试验			FQJ 串联采集接点检查	列车运行方向表示	区间占用表示	备注	试验者
	未按允许改方按钮反向发车不能改方	按压允许改方按钮后办理反向发车进路自动改方	改方后办理正向发车恢复正方向	原发车站有发车进路不能改方	无配线车站有接发车进路不能改方	区间占用不能正常改方	双接时区间空闲可正常改方	办理非列车进路不能改方	无方向时可正常改方	区间空闲不能进行辅助改方	存在发车进路不能辅助改方	无配线车站有接发车进路不能辅助改方	区间轨道电路故障时办理辅助改方	监督电路故障不能开放	监督电路良好能开放	列车发车后发车站辅助灯灭灯					
1	2	3	4	5	6	7	8	9	10	11	12	13	14	15	16	17	18	19	20	21	22
	/	/	/	/	/	/	/	/	/	/	/	/	/	/	/	/	/	/	/		
	/	/	/	/	/	/	/	/	/	/	/	/	/	/	/	/	/	/	/		
	/	/	/	/	/	/	/	/	/	/	/	/	/	/	/	/	/	/	/		
	/	/	/	/	/	/	/	/	/	/	/	/	/	/	/	/	/	/	/		
	/	/	/	/	/	/	/	/	/	/	/	/	/	/	/	/	/	/	/		
	/	/	/	/	/	/	/	/	/	/	/	/	/	/	/	/	/	/	/		
	/	/	/	/	/	/	/	/	/	/	/	/	/	/	/	/	/	/	/		
	/	/	/	/	/	/	/	/	/	/	/	/	/	/	/	/	/	/	/		
	/	/	/	/	/	/	/	/	/	/	/	/	/	/	/	/	/	/	/		
	/	/	/	/	/	/	/	/	/	/	/	/	/	/	/	/	/	/	/		
	/	/	/	/	/	/	/	/	/	/	/	/	/	/	/	/	/	/	/		

注：“/”上方打“○”表示应试项目；下方记录结果：“√”表示正确，“×”表示错误。

附件 23 站间联系电路联锁试验表

站间联系电路联锁试验表

站名： 主持试验人： 试验日期：

进路	正常排列进路	取消进路	进路正常解锁	列车未完全到达邻站不能重复开放出发信号	区间小于400 m相邻两信号机重复显示	区间大于400 m、小于800 m相邻两信号机禁止灯光重复显示	接近区段延长至邻站核查	单线区间有车不能改变运行方向	单线改变运行方向发车站必先改为接车站后方能改变	邻站信号开放表示	接近区段占用表示及提示音	单线运行方向表示					备注	试验者
1	2	3	4	5	6	7	8	9	10	11	12	13	14	15	16	17	18	19
	/	/	/	/	/	/	/	/	/	/	/	/	/	/	/	/		
	/	/	/	/	/	/	/	/	/	/	/	/	/	/	/	/		
	/	/	/	/	/	/	/	/	/	/	/	/	/	/	/	/		
	/	/	/	/	/	/	/	/	/	/	/	/	/	/	/	/		
	/	/	/	/	/	/	/	/	/	/	/	/	/	/	/	/		
	/	/	/	/	/	/	/	/	/	/	/	/	/	/	/	/		
	/	/	/	/	/	/	/	/	/	/	/	/	/	/	/	/		
	/	/	/	/	/	/	/	/	/	/	/	/	/	/	/	/		
	/	/	/	/	/	/	/	/	/	/	/	/	/	/	/	/		
	/	/	/	/	/	/	/	/	/	/	/	/	/	/	/	/		
	/	/	/	/	/	/	/	/	/	/	/	/	/	/	/	/		
	/	/	/	/	/	/	/	/	/	/	/	/	/	/	/	/		

注：“/”上方打“○”表示应试项目；下方记录结果：“√”表示正确，“×”表示错误。

附件 24　场间联系电路联锁试验表

场间联系电路联锁试验表

站名：　　　　　　　　　　　　　　　　　　　　试验日期：

进路	正常排列进路	取消进路	进路正常解锁	联络线占用不能开放列车信号	联络线占用不能开放调车信号	联络线列车敌对照查	联络线调车敌对照查	联络线占用表示	关联信号机显示核对	接近区段延长至邻场核查							备注	试验者
1	2	3	4	5	6	7	8	9	10	11	12	13	14	15	16	17	18	19

注：“/”上方打“○”表示应试项目；下方记录结果：“√”表示正确，“×”表示错误。

附件 25 驼峰联系电路联锁试验表

驼峰联系电路联锁试验表

站名：　　　　主持试验人：　　　　试验日期：

推送进路	同意预推	预推自动关闭	预推取消	同意推送	推送自动关闭	推送取消	推送进路排列有关信号机开放	切断驼峰复示信号	推送进路排列不能取消或人工解锁进路	驼峰取消推送进路 30 s 解锁	推送进路出清一次解锁	驼峰楼到达场推送进路表示	正常排调车进路	推送线无岔区段占用不能排调车进路		备注	试验者
1	2	3	4	5	6	7	8	9	10	11	12	13	14	15	16	17	18
	/	/	/	/	/	/	/	/	/	/	/	/	/	/	/		
	/	/	/	/	/	/	/	/	/	/	/	/	/	/	/		
	/	/	/	/	/	/	/	/	/	/	/	/	/	/	/		
	/	/	/	/	/	/	/	/	/	/	/	/	/	/	/		
	/	/	/	/	/	/	/	/	/	/	/	/	/	/	/		
	/	/	/	/	/	/	/	/	/	/	/	/	/	/	/		
	/	/	/	/	/	/	/	/	/	/	/	/	/	/	/		
	/	/	/	/	/	/	/	/	/	/	/	/	/	/	/		
	/	/	/	/	/	/	/	/	/	/	/	/	/	/	/		
	/	/	/	/	/	/	/	/	/	/	/	/	/	/	/		
	/	/	/	/	/	/	/	/	/	/	/	/	/	/	/		
	/	/	/	/	/	/	/	/	/	/	/	/	/	/	/		

注：“/”上方打“○”表示应试项目；下方记录结果：“√”表示正确，“×”表示错误。

附件 26　同意动岔联锁试验表

同意动岔联锁试验表

站名：　　　　　　　　　　　　　　主持试验人：　　　　　　　　　　　　　　试验日期：

道岔名称	未办理同意动岔，本场能办理经过该道岔定位的进路	未办理同意动岔本场不能操纵该道岔	未办理同意动岔，邻场能办理经过该道岔定位的进路	办理同意动岔后本场显示“同意动岔”文字，邻场不能办理经该道岔定位的进路	办理同意动岔后本场能操纵该道岔	办理同意动岔后本场能办理经该道岔定反位的进路	办理同意动岔后道岔在反位或向反位操纵过程中邻场不能取消同意动岔条件	场联道岔表示	同意动岔办理及表示	同意道岔封锁办理及表示	照查条件检查	信号开放条件检查	信号显示一致性核对	场联轨道表示	同意动岔手续一次有效检查	备注	试验者
1	2	3	4	5	6	7	8	9	10	11	12	13	14	15	16	17	18
	/	/	/	/	/	/	/	/	/	/	/	/	/	/	/		
	/	/	/	/	/	/	/	/	/	/	/	/	/	/	/		
	/	/	/	/	/	/	/	/	/	/	/	/	/	/	/		
	/	/	/	/	/	/	/	/	/	/	/	/	/	/	/		
	/	/	/	/	/	/	/	/	/	/	/	/	/	/	/		
	/	/	/	/	/	/	/	/	/	/	/	/	/	/	/		
	/	/	/	/	/	/	/	/	/	/	/	/	/	/	/		
	/	/	/	/	/	/	/	/	/	/	/	/	/	/	/		
	/	/	/	/	/	/	/	/	/	/	/	/	/	/	/		
	/	/	/	/	/	/	/	/	/	/	/	/	/	/	/		

注：“/”上方打“○”表示应试项目；下方记录结果：“√”表示正确，“×”表示错误。

附件 27 机务段同意联锁试验表

机务段同意联锁试验表

车站： 主持试验人： 日期：

进路号	对方办理同意手续后表示灯亮	机务段未办理同意手续，信号不能开放	取消同意手续需由本场办理	机车入库自动取消同意手续					备注	试验者

注：“/”上方打“○”表示应试项目；下方记录结果：“√”表示正确，“×”表示错误。

附件 28 列控结合电路联锁试验表

列控结合电路联锁试验表

站名： 主持试验人： 日期：

方向电路名称	列控中心重启试验							车站与相邻车站或所属中继站通信中断后，本车站区间方向维持中断前方向不变	中继站与主站通信中断后，区间方向维持中断前方向不变					备注	试验者
	站内	区间				中继站									
		站间通信正常时			站间通信中断时										
	各区段发码方向应先置为默认方向（所有 FQJ 落下）	邻站为发车方向，则本站初始化为接车方向	邻站为接车方向，本站 FJ 为发车方向，则本站初始化为发车方向	上电初始化 6 s 内，未满足上述条件完成本站方向初始化，则本站初始化为无方向	本站初始化为无方向	与主站通信正常，则本中继站与主站方向一致	与主站通信中断，则本中继站初始化为无方向								
1	2	3	4	5	6	7	8	9	10	11	12	13	14	15	16

注：“√”表示正确；“×”表示错误；“△”表示无此条件；“*”表示有此条件，但本次不需试验。

附件 29　CTCS-2 级/CTCS-3 级限速功能与车站联锁有关项目联锁试验表

CTCS-2 级/CTCS-3 级限速功能与车站联锁有关项目联锁试验表

站名：　　　　　　　　　　主持试验人：　　　　　　　　　　日期：

进路号	进路名称	全进路发码车站经 18 号及以上道岔侧向弯进直出的通过列车进路							全进路发码车站经 18 号及以上道岔侧向弯进弯出的通过列车进路（正向发车 2LQG 空闲）									全进路发码车站经 18 号及以上道岔侧向弯进弯出的通过列车进路（关灯时正向发车 2LQG 占用）					全进路发码车站经 18 号及以上道岔直进弯出的通过列车进路（正向发车 2LQG 空闲）						列控中心重启且在初始化前，USU 显示与低频均降为 UU	试验者
		接近区段有限速	接车进路有限速		发车进路有限速		离去 L_1 有限速		接近区段有限速	接车进路有限速		发车进路有限速		离去 L_1 有限速		侧线有限速		接近区段有限速	接车进路有限速	发车进路有限速	离去 L_1 有限速	侧线有限速	股道有限速		发车进路有限速		离去 L_1 有限速			
		进站信号机显示降为UU,码降为UU码	进站信号机显示降为UU,码降为UU码	出站信号机显示及码保持不变	进站信号机显示降为UU,码降为UU码	出站信号机显示及码保持不变	进站信号机显示降为UU,码降为UU码	出站信号机显示及码保持不变	进站信号机显示降为UU,码降为UU码	进站信号机显示降为UU,码降为UU码	出站信号机显示及码保持不变	进站信号机显示及码保持不变	出站信号机显示保持不变,码降为UU	进站信号机显示及码保持不变	出站信号机显示保持不变,码降为UU	进站信号机显示降为UU,码降为UU码	出站信号机显示保持不变,码降为UU	进站信号机显示降为UU,码降为UU码	进站信号机显示降为UU,码降为UU码	出站信号机显示及码保持不变	出站信号机显示及码保持不变	进站信号机显示降为UU,码降为UU码	进站信号机显示及码保持不变	出站信号机显示及码保持不变	进站信号机显示不变,码降为U2码	出站信号机显示不变,码降为UU码	进站信号机显示不变,码降为U2码	出站信号机显示不变,码降为UU码		
1	2	3	4	5	6	7	8	9	10	11	12	13	14	15	16	17	18	19	20	21	22	23	24	25	26	27	28	29	30	31

注："/"上方打"○"表示应试项目；下方记录结果："√"表示正确，"×"表示错误。表格内限速均指低于 80 km/h 或 45 km/h。

附件 30(1)　自动闭塞区间继电式逻辑检查联锁试验表(1)

自动闭塞区间继电式逻辑检查联锁试验表(1)

站名：　　　　　　　　试验主持人：　　　　　　　　日期：

序号	区段名称	正常占用条件检查	故障占用条件检查	占用丢失条件检查	空闲条件检查	占用丢失延时报警检查	占用丢失报警铃核对	占用丢失后按压人工解锁按钮转为空闲状态	人工解锁表示灯核对	按压关闭按钮相应区间所有记录继电器吸起	区间反向时所有记录继电器吸起	GJ 励磁条件检查	区间轨道复示灯核对				试验人

注：“/”上方打“○”表示应试项目；下方记录结果：“√”表示正确，“×”表示错误。

附件30（2）　自动闭塞区间继电式逻辑检查联锁试验表（2）

自动闭塞区间继电式逻辑检查联锁试验表（2）

站名：　　　　　　　　　　试验主持人：　　　　　　　　　　日期：

序号	方向口	YXJF条件检查	进站继电器条件检查	出站继电器条件检查	关闭表示灯核对						试验人

注：“/”上方打“○”表示应试项目；下方记录结果：“√”表示正确，“×”表示错误。

附件 31(1)　自动闭塞区间电子式逻辑检查联锁试验表(1)

自动闭塞区间电子式逻辑检查联锁试验表(1)

站名：　　　　　　　　试验主持人：　　　　　　　　日期：

序号	区段名称	正常占用条件检查				故障占用条件检查		占用丢失条件检查			空闲条件检查						人解按钮及表示灯核对(RJA为自复式带铅封、带表示灯按钮，常态灭灯，RJA按下、或本区间GBA按下或开通反向时亮U灯)	按压关闭按钮相应区间所有防护继电器状态正确	区间反向时所有防护继电器状态正确	区间轨道复示灯核对(QGJD常态L灯)	轨道继电器(GJ)励磁条件检查	正常行车试验	QJK切系前后各闭塞分区逻辑状态保持不变	QJK切系前后SA分配保持不变	试验人
		逻辑状态为故障占用的闭塞分区,设备状态保持占用,同时满足技术条件6.1.1.3,逻辑状态为正常占用	逻辑状态为空闲的闭塞分区,设备状态由空闲变为占用,同时满足技术条件6.1.1.4,逻辑状态为正常占用	逻辑状态为正常占用的闭塞分区,设备状态保持占用时,逻辑状态为正常占用	逻辑状态为占用丢失的闭塞分区,设备状态由空闲变为占用,逻辑状态为正常占用	逻辑状态为故障占用的闭塞分区,设备状态保持占用,不满足技术条件6.1.1.3,逻辑状态为故障占用;逻辑状态为空闲的闭塞分区,设备状态由空闲变为占用时,不满足技术条件6.1.1.4,逻辑状态为故障占用	在1个SA内,当闭塞分区的逻辑状态判定为正常占用时,该闭塞分区后方与其不连续的所有原判定为正常占用的闭塞分区,其逻辑状态为故障占用	发车进路锁闭后,进路末区段由占用变为空闲,1LQ设备状态为空闲时,1LQ逻辑状态为占用丢失	逻辑状态为正常占用的闭塞分区(不含进站信号机外方第一个闭塞分区),设备状态由占用变为空闲,不满足技术条件6.1.1.6,逻辑状态为占用丢失	逻辑状态为正常占用的闭塞分区(进站信号机外方第一个闭塞分区),不满足列车正常进站,设备状态由占用变为空闲,逻辑状态为占用丢失	在1个SA内,当闭塞分区的逻辑状态判定为正常占用,该闭塞分区后方原判为占用丢失的闭塞分区,逻辑状态均为空闲	闭塞分区设备状态由占用变为空闲且保持3 s以上,逻辑状态为空闲	逻辑状态为正常占用的闭塞分区(不含进站信号机外方第一个闭塞分区),设备状态由占用变为空闲,满足技术条件6.1.1.6,逻辑状态为空闲	逻辑状态为正常占用的闭塞分区(进站信号机外方第一个闭塞分区),列车正常进站,设备状态由占用变为空闲,逻辑状态为空闲	逻辑状态为占用丢失的闭塞分区,辅助改方后,逻辑状态判定为空闲	逻辑状态为占用丢失的闭塞分区,在解锁盘上同时按压ZRJA按钮和对应区段的RJA按钮,该闭塞分区逻辑状态由占用丢失变为空闲									
1	2	3	4	5	6	7	8	9	10	11	12	13	14	15	16	17	18	19	20	21	22	23	24	25	26

注：“√”表示正确；“×”表示错误；“△”表示无此条件；“＊”表示有此条件，但本次不需试验。

附件31(2) 自动闭塞区间电子式逻辑检查联锁试验表(2)

自动闭塞区间电子式逻辑检查联锁试验表(2)

站名: 主持试验人: 日期:

功能名称	试验结果	备 注	试验者
关闭按钮及表示灯核对(GBA为自复式带铅封、带表示灯按钮,常态灭灯,GBA按下时亮H灯)		每个方向口均需试验	
主备通道试验及通信表示灯核对		COM灯	
正常工作表示灯核对		RUN灯	
人解盘授权按钮试验			
同一按钮13 s试验			
远程控制时,主站人解盘相关按钮控制功能试验		中继站用	
占用丢失报警铃及切铃按钮试验			
采集、驱动对位检查试验			

注:"√"表示正确;"×"表示错误;"△"表示无此条件;"*"表示有此条件,但本次不需试验。

附件 32　其他功能项目联锁试验表

其他功能项目联锁试验表

站名:　　　　主持试验人:　　　　日期:

序号	功能名称	试验结果	备注	试验者
1	分路不良设置试验			
2	非常站控			
3	标记窗功能			
4	上电解锁			
5	故障通知			
6	各种表示灯核对			
7	站场图型核对			
8	联锁表以外变通进路试验			
9	控显机倒机试验			
10	联锁机倒机试验			
11	电子终端单机工作试验			
12	各种光缆扩展口封闭检查			
13	上电锁闭试验			
14	区段前后接点校核正确			
15	报警及延时信息			
16	无网区核对			
17	设备文字显示正确			
18	站台表示信息			

注:“√”表示正确;“×”表示错误;“△”表示无此条件;“*”表示有此条件,但本次不需试验。

附件 33　采集/驱动对位联锁试验表

采集/驱动对位联锁试验表

站名：　　　　　　　　　　　主持试验人：　　　　　　　　　　日期：

序号	设备名称	采　集		驱　动		位置	配线核对	线间绝缘	备注	试验者
		A 机	B 机	A 机	B 机					

注：“√”表示正确；“ × ”表示错误；“△”表示无此条件；“ ＊ ”表示有此条件，但本次不需试验。核对时采用脱机方式对 A、B 机分别核对继电器状态，双驱双采需测试判断电压极性。

附件 34　接近/离去表示核对联锁试验表

接近/离去表示核对联锁试验表

车站：　　　　　　　　　　　　主持试验人：　　　　　　　　日期：

进站信号机	1 接近	2 接近	3 接近	4 接近	5 接近	6 接近	7 接近	8 接近	9 接近	10 接近	1 离去	2 离去	3 离去	4 离去	5 离去	6 离去	试验人
1	2	3	4	5	6	7	8	9	10	11	12	13	14	15	16	17	18

注：“/”上方打“○”表示应试项目；下方记录结果：“√”表示正确，“×”表示错误。

参 考 文 献

[1] 马文广. 交通大辞典[M]. 上海:上海交通大学出版社,2005.
[2] 何文卿. 车站信号自动控制[M]. 北京:中国铁道出版社,1981.
[3] 林瑜筠. 铁路信号联锁[M]. 北京:中国铁道出版社,2016.
[4] 中国铁路总公司. 普速铁路信号维护规则[S]. 北京:中国铁道出版社,2015.
[5] 中国铁路总公司. 高速铁路信号维护规则[S]. 北京:中国铁道出版社,2015.